Linke | Eberl
Forstpolitische Konvergenz von Nutzungsverzicht im Wald

Wald in Raum und Öffentlichkeit
Band 14

Eike Florian Linke | Justus Eberl

Forstpolitische Konvergenz von Nutzungsverzicht im Wald

Wirkungen von Zuwendungen des Bundes im Rahmen des Förderprogramms „Klimaangepasstes Waldmanagement" in Bezug auf das Kriterium der natürlichen Waldentwicklung am Beispiel eines Privatwaldbetriebs im Westmünsterland

1. Auflage 2025

Bibliografische Information der Deutschen Nationalbibliothek

Die Deutsche Nationalbibliothek verzeichnet diese Publikation in der Deutschen Nationalbibliografie; detaillierte bibliografische Daten sind im Internet über
dnb.ddb.de
abrufbar.

© 2025. Eike Florian Linke, Justus Eberl
Redaktionelle Mitarbeit: Florian Born
Erfurt, 1. Auflage 2025

ISBN: 978-3-7693-5644-1
Alle Rechte beim Herausgeber.
Verlag: BoD · Books on Demand GmbH, Überseering 33, 22297 Hamburg, bod@bod.de
Druck: Libri Plureos GmbH, Friedensallee 273, 22763 Hamburg

„Natürliche Waldentwicklung auf 5 Prozent der Waldfläche.

Obligatorische Maßnahme, wenn die Waldfläche des Antragstellers 100 Hektar

überschreitet. Freiwillige Maßnahme für Antragsteller, deren Waldfläche 100

Hektar oder weniger beträgt.

Die auszuweisende Fläche beträgt dabei mindestens 0,3 Hektar und ist 20

Jahre aus der Nutzung zu nehmen.

Naturschutzfachlich notwendige Pflege oder Erhaltungsmaßnahmen oder

Maßnahmen der Verkehrssicherung gelten nicht als Nutzung. Bei

Verkehrssicherungsmaßnahmen anfallendes Holz verbleibt im Wald."

(BMEL, 2022)

Inhaltsverzeichnis

Anhangsverzeichnis

Abbildungsverzeichnis

Tabellenverzeichnis

Formelverzeichnis

Abkürzungsverzeichnis

a	*Jahr*
A	*Baumartenprofilindex*
Abs.	*Absatz*
Art.	*Artikel*
BA	*Baumart*
BHD	*Brusthöhendurchmesser*
BHO	*Bundeshaushaltsordnung*
bspw.	*beispielsweise*
BST	*Bestandessortentafeln*
bzw.	*beziehungsweise*
DB	*Deckungsbeitrag*
Df	*(Alt-)Durchforstung*
d_g	*Kreisflächenmittelstamm*
d_{max}	*Maximaldurchmesser*
E	*Evenness*
Efm	*Erntefestmeter*
EU	*Europäische Union*
G	*Grundfläche*
GAP	*Gemeinsame Agrarpolitik*
h_{100}	*Oberhöhe*
HEK	*Holzerntekosten*
h_g	*Höhe des Kreisflächenmittelstamms*
Hs	*Shannon-Wiener-Index*
i.S.d.	*im Sinne des*
i.V.m.	*in Verbindung mit*
JDf	*Jungdurchforstung*
JPf	*Jungwuchspflege*
lit.	*Buchstabe*
LRT	*Lebensraumtyp*
N	*Stückzahl*
NW-FVA	*Nordwestdeutsche Forstversuchsanstalt*
PCF	*Policy Coherence Framework*
S.	*Satz*
SAG	*State Aid Guidelines*
SF	*Standardfehler*
SLH	*sonstiges Laubholz hoher Lebensdauer*
SLN	*sonstiges Laubholz niedriger Lebensdauer*
StAbw	*Standardabweichung*
VarK	*Variationskoeffizient*
Vfm	*Vorratsfestmeter*
VS°	*Volumenschlussgrad*
VwK	*Verwaltungskosten*
WZP	*Winkelzählprobe*
ZRF	*Zuwachsreduktionsfaktor*

Baumartenzuordnung

Bezeichnung im Fließtext	Umfassende Baumart(-en)
Buche	Rot-Buche, *Fagus sylvatica* L.
Eiche	Stiel-Eiche, *Quercus robur* L. Trauben-Eiche, *Quercus petraea* (MATTUSCHKA) LIEBL.
Roteiche	Rot-Eiche, *Quercus rubra* L.
Slawonische Eiche	*Quercus robur* L. subsp. *slavonica* (GÁYER) MÁTYÁS
Birke	Hänge-Birke, *Betula pendula* ROTH
Erle	Schwarz-Erle, *Alnus glutinosa* (L.) GAERTN.
Pappel	Zitter-Pappel, *Populus tremula* L. Hybrid-Pappel, *Populus tremula* L. x *tremuloides* MICHX.
Linde	Winter-Linde, *Tilia cordata* MILL.
Hainbuche	Hainbuche, *Carpinus betulus* L.
Kirsche	Vogel-Kirsche, *Prunus avium* L.
Ahorn	Berg-Ahorn, *Acer pseudoplatanus* L.
Ulme	Flatter-Ulme, *Ulmus laevis* PALL.
Fichte	Gem. Fichte, *Picea abies* (L.) H.KARST.
Douglasie	Gew. Douglasie, *Pseudotsuga menziesii* (MIRBEL) FRANCO
Lärche	Europäische Lärche, *Larix decidua* MILL. Japanische Lärche, *Larix kaempferi* (LAMB.) CARRIÈRE
Kiefer	Wald-Kiefer, *Pinus sylvestris* L.
Schwarzkiefer	Schwarz-Kiefer, *Pinus nigra* J.F.ARNOLD

1 Vorwort

Angesichts zunehmender klimatischer Herausforderungen stehen Wälder und Forstwirtschaft unter hohem Anpassungsdruck. Zwischen vielfältigen Nutzungsansprüchen mit teils kollidierenden Zielstellungen von Gesellschaft, Wirtschaft und Politik kommt dem Wald als Klimaregulator und Lebensraum weitreichende Bedeutung zu. Als kohlenstoffbindendes Ökosystem soll der Wald im sektorübergreifend Emissionen auffangen und als langfristige CO_2-Senke fungieren. Die Erreichbarkeit der Speichermenge wird kontrovers diskutiert. Infolge des Kalamitätsgeschehens konnte der deutsche Wald im Inventurzeitraum 2017 bis 2022 erstmals nicht den Kohlenstoffvorrat erhöhen. Insbesondere der Nutzungsverzicht von Waldflächen wird bezüglich der Speicherwirkung von Kohlenstoff kritisch gesehen.

Die Unterstützung von Waldbesitzenden durch Förderprogramme gewinnt vor dem Hintergrund des Klimawandels zunehmend an Bedeutung. Einerseits sollen durch Klimaänderungen entstehende Schäden an Waldökosystemen finanziell ausgeglichen werden. Andererseits sollen Anreize gesetzt werden, um Wälder klimaresilient zu gestalten und Waldbesitzende für die Ökosystemleistungen ihrer Wälder zu entlohnen, von denen großräumig alle Menschen profitieren. Ein Instrument dazu ist die Forstförderung im Rahmen der „Richtlinie für Zuwendungen zu einem klimaangepassten Waldmanagement". Ziel der Zuwendung sei neben langfristiger Kohlenstoffspeicherung in Waldökosystemen „der Erhalt, die Entwicklung und die Bewirtschaftung von Wäldern, die an den Klimawandel angepasst (klimaresilient) sind" (BMEL, 2022, S. 1).

Mit der Veröffentlichung der Förderrichtlinie wird erstmals eine zielorientierte Vergütung an Waldbesitzende nach dem Stil des Vertragsnaturschutzes ausgezahlt. Die Höhe der Förderung und die Länge der Bindefrist überschreiten dabei vergleichbare Fördermodelle deutlich. Durch das Design der Förderrichtlinie können die Maßnahmen in weitaus größeren Maßstäben auf die deutschen Waldflächen gebracht werden als je zuvor, da die Förderbedingungen einen hohen Zuspruch in Bezug auf Anforderungen und Ausgleichszahlungen erhalten.

Ziel der vorliegenden Untersuchungen ist die Darstellung einer möglichen Umsetzung der Förderbedingungen durch einen Forstbetrieb. Der Untersuchungsumfang ist auf das Kriterium Nr. 12 der Förderrichtlinie beschränkt, das natürliche Waldentwicklung auf 5 % der Betriebsfläche umfasst. Anhand der betrieblichen Flächenausweisung sollen Effekte der natürlichen Waldentwicklung bis zum Ende der Bindefrist dargestellt werden. Dazu wird eine betriebswirtschaftlich sinnvolle Flächenausweisung vorgenommen, ertragskundliche Bestandesdaten erhoben und die Bestandesentwicklung mithilfe einer Waldwachstumssoftware simuliert. Notwendige Naturaldaten werden im Dezember 2023 in einem Privatwaldbetrieb im Westmünsterland erhoben.

Die Erkenntnisse der Simulation dienen dem Abgleich mit den Förderzielen der Richtlinie „Klimaangepasstes Waldmanagement". Dazu werden Parameter der Entwicklung der Biodiversität sowie des CO_2-Speichervermögens herangezogen. Abschließend wird die Ausgestaltung der Förderrichtlinie in den Kontext der Unionspolitik mit den dazugehörigen Rechtsvorschriften gesetzt. Die Konvergenz der politischen Ziele der nationalen Förderrichtlinie mit Rahmenregelungen der EU, insbesondere dem EU-Beihilferecht, wird auf Grundlage des Policy Coherence Framework diskutiert.

Die Förderrichtlinie hat das Potenzial, großflächig Anreize für Waldbesitzende zu setzen, eine ökosystemverträgliche und klimaresiliente Art der Waldbewirtschaftung auszuüben. Hierzu ist insbesondere eine geeignete Wahl und Formulierung der Förderkriterien notwendig, um Klima- und Biodiversitätsziele auch tatsächlich zu erreichen. Die Frage lautet: Ist das Klimaangepasste Waldmanagement eine Erfolgsgeschichte oder ein historischer Misserfolg?

Ich danke Professor Dr. Justus Eberl für die umfangreiche fachliche Beratung sowie dem Untersuchungsbetrieb für die Bereitstellung der erforderlichen Daten.

2 Grundlagen der Untersuchung

2.1 Untersuchungsgegenstand

Im Rahmen dieser Arbeit wird die Wechselwirkung zwischen dem forstpolitischen Förderinstrument „Klimaangepasstes Waldmanagement" (folgend: Förderrichtlinie) mit einem beispielhaften Forstbetrieb untersucht. Dabei ist einerseits die betriebliche Umsetzung auf Grundlage der erlassenen Richtlinie Untersuchungsgegenstand, andererseits die prognostizierte Wirkung der betrieblichen Umsetzung in Bezug auf die politische Zielsetzung der Förderrichtlinie.

Mithilfe der Untersuchungen soll eine Aussage ermöglicht werden, inwiefern die Erwartungen des Fördermittelgebers erfüllt werden, wenn ein Forstbetrieb die Richtlinie zulässig und betriebswirtschaftlich sinnvoll umsetzt. Die Erwartungen des Fördermittelgebers sind in der Förderrichtlinie in Form des Zweckes der Förderung ausformuliert. Die Wirkung der betrieblichen Umsetzung wird durch computergestützte Simulation für der Zuwendungszeitraum prognostiziert. Es wird sich aufgrund des limitierten Arbeitsumfangs auf ein Teilkriterium der Förderrichtlinie, die natürliche Waldentwicklung, beschränkt. Daraus kann eine Aussage über die Schnittmenge der Wirkung und Absicht der Zuwendung gewonnen werden. Weiterführend werden die Intention und Wirkungsweise der Förderung in den Kontext des Europäischen Beihilferechts gesetzt. Hierbei soll herausgestellt werden, ob mögliche Differenzen zwischen Formulierung und Umsetzung der Förderrichtlinie zu Konflikten mit dem unionspolitischen Rahmen der Europäischen Union (EU) führen, oder ob die Politiken der EU und des Bundes in dieser Hinsicht konvergent sind.

Forstlicher Praxisbezug wird durch Betrachtung eines realen, anonymisierten Privatwaldbetriebs hergestellt. Es erfolgt eine Neuauswahl der Förderflächen, unbeachtet eventuell bestehender Flächenausweisungen in Bezug auf die Förderrichtlinie. Bei der

Flächenauswahl wird sich auf ein Revier des Forstbetriebs beschränkt. Das Untersuchungsgebiet liegt im Westmünsterland, NRW.

Forstwirtschaftliche Betrachtungen bilden den Mittelpunkt der Untersuchungen. Es soll ein konkreter Praxisbezug hergestellt werden, anhand dessen die Wirkungsweise des politischen Instruments deutlich wird. In Anbetracht des Themas sind Überschneidungen mit politischen sowie juristischen Sachgebieten zu erwarten. Methoden dieser Themenbereiche werden zweckdienlich erläutert und angewandt, sind jedoch auf die Grundzüge beschränkt, da sie nicht den Schwerpunkt der Arbeit ausmachen. Auf fachfremde Exkurse wird verzichtet, sofern sie nicht wesentlich für die Beantwortung der Fragestellung sind.

2.2 Verortung im Forschungsprozess

Neben der wissenschaftlichen Auseinandersetzung mit der Förderrichtlinie dient diese Untersuchung als Abschlussarbeit. Der Verfasser absolviert hiermit das Bachelorstudium „Forstwirtschaft und Ökosystemmanagement" der Fachhochschule Erfurt. Erstgutachter und Betreuer der Fachhochschule ist Professor Dr. Justus Eberl.

Das Forschungsthema knüpft an eine Reihe von Abschlussarbeiten zur Förderrichtlinie „Klimaangepasstes Waldmanagement" an, ausgeschrieben im Lehrgebiet Forstpolitik und Umweltrecht (Professor Dr. Eberl). Insbesondere in Bezug auf eine Abschlussarbeit zu dem Kriterium „Habitatbäume" (Schäfer & Eberl, 2023) wird die Forschung weitergeführt, indem ein weiteres Kriterium untersucht wird. Die Zielsetzung der Arbeiten unterscheidet sich, die Ergebnisse sind daher nur bedingt vergleichbar. Literatur wird insbesondere in Form von Gesetzestexten und Bekanntmachungen der Bundesministerien und der EU verwendet. Den Mittelpunkt der Untersuchung bildet die „Richtlinie für Zuwendungen zu einem klimaangepassten Waldmanagement" (BMEL, 2022). Die methodische Grundlage ist der Dissertation von Eberl (2020) entnommen. Einen weiteren zentralen Aspekt der Forschung stellt die computergestützte Waldsimulation mit der Software „ForestSimulator" der Nordwestdeutschen Forstversuchsanstalt (NW-FVA) dar. Die äußere Form der Abschlussarbeit richtet sich nach der Richtlinie für wissenschaftliche Arbeiten der Fachhochschule Erfurt, Fachrichtung Forstwirtschaft (FH Erfurt, 2021).

Die Aussagekraft der Ergebnisse ist, soweit es die Methode der Computersimulation zulässt, nur für den Beispielbetrieb vollumfänglich gegeben. Tendenzen und allgemeine Gesetzmäßigkeiten sind unter Beachtung der tatsächlichen Umstände auf ähnliche Betriebe anwendbar. Auf Grundlage der betriebsbezogenen Ergebnisse werden Aussagen auf nationaler und supranationaler Ebene getroffen, die nicht die Gesamtheit der Zuwendungsempfänger abbilden können. Es wird lediglich ein Kriterium separat betrachtet. Aussagen, die für dieses Kriterium gelten, müssen nicht die gesamte Förderrichtlinie betreffen. Vielmehr sind weitere Forschungsreihen zu diesem oder weiteren Kriterien notwendig, um die Förderrichtlinie hinreichend evaluieren zu können. Die Ergebnisse dieser Arbeit stellen jedoch einen Indikator für die Wirkungsweise des Förderprogrammes und das Zusammenspiel (supra-) nationaler Politiken dar.

Weiterführendes Forschungspotenzial ist in Bezug auf andere Kriterien der Förderrichtlinie sowie für die Umsetzung der natürlichen Waldentwicklung in weiteren Forstbetrieben gegeben. Zudem sind Untersuchungen mit abweichenden Betrachtungsschwerpunkten sinnvoll. Auch hinsichtlich von Wechselwirkungen mit weiteren (sub-) nationalen Politikinstrumenten, einschließlich denen anderer Politikfelder, besteht Forschungsbedarf.

2.3 Hypothesen

Die Förderrichtlinie ist in weiten Teilen unkonkret formuliert, da die Regelungen des Bundesprogramms ein weites Spektrum von Standorten und Waldtypen betreffen. Spezifikationen für Waldbesitzende werden durch den jeweiligen Zertifizierer getroffen (BMEL, 2022, S. 2 f.). Grundsätzlich wird Waldbesitzenden ein Auslegungsspielraum belassen, nach welchem Flächenausweisungen erfolgen können. Innerhalb des Auslegungsspielraums können Betriebe individuelle Zielsetzungen beachten, welche nicht zwangsläufig mit den Zielen der Förderrichtlinie konvergieren. Insbesondere betriebswirtschaftliche Entscheidungshintergründe sind zu erwarten. Es sind jedoch keine Auslegungsalternativen der Kriterien, insbesondere der natürlichen Waldentwicklung, ersichtlich, welche der Zielsetzung der Förderrichtlinie entgegenstehen. Es wird folgende Hypothese aufgestellt:

Durch Flächenstilllegungen im Sinne der Förderrichtlinie sind positive Effekte auf Ökosystemleistungen des Waldes zu erwarten. Daher konvergiert die betriebliche Umsetzung innerhalb des zulässigen Entscheidungsspielraums mit den durch die Zuwendung angestrebten Zielen.

Außerdem soll die Konvergenz der Förderrichtlinie, sowohl hinsichtlich der Zielsetzung als auch hinsichtlich der praktischen Umsetzung, mit dem EU-Beihilferecht untersucht werden. Durch die EU wird ein Rechts- und Politikrahmen gesetzt, welcher bei der Gewährung staatlicher Zuwendungen an Unternehmen zu beachten sind (vgl. Abschnitt 3). Im Rahmen der erfolgreichen Notifizierung ist eine Konformität der Gesamtrichtlinie mit EU-Vorgaben anzunehmen. Ob dies für das separat betrachtete Kriterium der natürlichen Waldentwicklung gilt, ist zu erforschen. Gerade die betriebliche Umsetzung, welche erwartungsgemäß auf ein möglichst positives Betriebsergebnis abzielt, könnte einen Widerspruch mit EU-Vorgaben induzieren. Demnach dürfen staatliche Zuwendungen nicht die Summe der bedingten Mehraufwendungen und Mindererlöse übersteigen (Rn. 83 f ABl. 2022/C 485/1). Hinsichtlich der Fördersumme in Bezug auf die erwartungsgemäß geringe Verzinsung von Waldflächen ist eine Überkompensation nicht auszuschließen. Diesbezüglich wird eine weitere Hypothese aufgestellt:

Bezogen auf das isolierte Kriterium der natürlichen Waldentwicklung ist die Konvergenz der nationalen Förderrichtlinie mit dem Rechts- und Politikrahmen der EU fraglich. Insbesondere die betriebswirtschaftlich sinnvolle und im Sinne der Förderrichtlinie zulässige praktische Umsetzung konvergiert vor dem Hintergrund des Verbotes der Überkompensation staatlicher Beihilfen nicht mit EU-Vorgaben, vielmehr liegt ein Widerspruch vor.

Beide Hypothesen werden im Laufe der Forschung eingehend aus forstwirtschaftlicher Sicht sowie rechts- und politikwissenschaftlich eruiert. Im Ergebnis der Arbeit wird eine Bewertung der Hypothesen hinsichtlich ihrer Reliabilität angestrebt und die Anwendbarkeit der Ergebnisse diskutiert.

2.4 Policy Coherence Framework

Den politikwissenschaftlichen Untersuchungsansatz dieser Arbeit stellt das Policy Coherence Framework (PCF) dar. Die Dissertation „Walderhaltungs- und Waldmehrungspolitik" (Eberl, 2020) bietet eingehende Auseinandersetzungen mit der Theorie und Methodik des PCF. Die Grundzüge der Methode werden im Rahmen dieser Arbeit angewandt, ohne Anspruch auf politikwissenschaftliche Vollständigkeit zu erheben (vgl. Abschnitt 2.1). In der Diskussion dieser Arbeit soll vorrangig die Konvergenz von Politiken betrachtet werden. Konvergenz beschreibt gemeinhin die Übereinstimmung oder Annäherung bestimmter Mengen. Im Kontext dieser Arbeit wird der Begriff zur Qualifizierung des dynamischen Prozesses der Kohärenzbildung verwendet. In Bezug auf die Anwendbarkeit des PCF wird hierbei die Konvergenz analog der Kohärenz betrachtet. Die Konvergenz soll jedoch keine abschließende Aussage über die tatsächliche Kohärenz darstellen.

Das PCF ist ein Instrument zur Beschreibung der Wechselbeziehungen zwischen Politiken auf verschiedenen Ebenen. Politikwissenschaftliche Analysen können in drei Dimensionen stattfinden (Eberl, 2020, S. 35):

1. Polity: Formale Dimension
2. Policy: Inhaltliche Dimension
3. Politics: Prozessuale Dimension

Diese Analyse bezieht sich auf die Konvergenz politischer Zielformulierungen mit der praktischen Umsetzung, daher weitgehend auf die inhaltliche Bezugsebene. *Coherence* wird von Eberl (2020, S. 51) definiert als „die Eigenschaft von Politiken, Konflikte innerhalb und zwischen Politikfeldern systematisch zu reduzieren und Synergien zu fördern, um Politikziele zu erreichen". Damit steht die *Coherence* in Abgrenzung zur *Consistency* (Widerspruchsfreiheit), *Integration* (Einbindung übergeordneter Politikziele in den Zielbestimmungsprozess) und zum *Impact* (die Politikimplementierung) politischer Inhalte (Eberl, 2020, S. 50 ff.).

Die *Policy Coherence* unterteilt sich innerhalb desselben Politikfeldes in zwei Dimensionen (Eberl, 2020, S. 52):

1. Vertikale Kohärenz (zwischen politischen Hierarchieebenen)
2. Horizontale Kohärenz (auf gleicher politisch-administrativer Ebene)

Auf Ebene der Politikfelder wird *Policy Coherence* in weiteren Dimensionen unterschieden (ebd.):

1. Binnen-Kohärenz (Wechselwirkungen innerhalb eines Politikfeldes)
2. Externe Kohärenz (Wechselwirkungen mit anderen Politikfeldern)

Im Rahmen dieser Arbeit wird hauptsächlich die vertikale Konvergenz zwischen der nationalen Förderrichtlinie des Bundes mit dem Rechts- und Politikrahmen der EU betrachtet. Dabei fließen sowohl die Binnen-Konvergenz innerhalb der Forst- und Umweltpolitik als auch die externe Konvergenz mit dem europäischen Beihilferecht im Politikfeld der Wettbewerbsgestaltung in die Überlegungen ein.

Der Anwendungsbereich des PCF ist laut Eberl (2020, S. 58) für hinreichende Aussagekraft an Geltungsvoraussetzungen gebunden.

1. Politikbereich mit einem geschlossenen Verwaltungsprozess
2. Überwiegend rechtsstaatliches Umfeld

Ein geschlossener Verwaltungsprozess liegt im Bereich der Bewirtschaftung von Wäldern, die in den Waldgesetzen des Bundes und der Länder hinreichend reguliert ist, vor. Insbesondere ist zumindest im Rahmen der ordnungsgemäßen Forstwirtschaft eine vollständige Nichtbewirtschaftung ausgeschlossen (§ 11 Abs. 1 BWaldG). Innerhalb des Untersuchungsgebietes werden rechtsstaatliche Verhältnisse angenommen. Die Untersuchungen werden in einem einheitlichen Politik-/Judikationsbereich vorgenommen.

Die Anwendung des PCF erfolgt in einer dreistufigen Vorgehensweise (Nilsson et al., 2012, zit. nach Eberl, 2020, S. 53):

1. Creating an inventory of policy objectives,
2. Review of interaction by screening,
3. In-depth mapping of key interactions and policy instruments.

Die Politikziele der EU und des Bundes werden in den Abschnitten 3 und 4 herausgestellt. Die Politiken werden durch Überprüfungen mit besonderem Bezug zur praktischen Umsetzung in ihren Effekten bewertet und Wechselwirkungen hergeleitet. Der Praxisbezug wird durch die Umsetzung anhand eines Beispielbetriebes hergestellt und langfristige Effekte durch Computersimulation prognostiziert. Die wesentlichen Effekte der Politiken werden auf Konvergenz untereinander geprüft, indem die Ziele der Politiken sowie die Effekte der praktischen Umsetzung miteinander verglichen werden.

3 Rechts- und Politikrahmen der EU

3.1 EU-Vorschriften und Instrumente der Umweltpolitik

Die EU wurde 1992 durch den Vertrag über die Europäische Union (EUV) in Maastricht gegründet. Das in Artikel (Art.) 3 Absatz (Abs.) 1 EUV formulierte Ziel der EU ist es, „den Frieden, ihre Werte und das Wohlergehen ihrer Völker zu fördern". Neben sozial- und sicherheitspolitischen Ansätzen werden zur Umsetzung unter anderem wirtschaftliche Steuerungselemente herangezogen. Die Bedeutung der politischen Arbeit der EU für den Forstsektor spiegelt sich neben dem Ziel gemeinsamer, nachhaltiger Standards zum Umweltschutz insbesondere in der angestrebten wirtschaftlichen Integration der Mitgliedsstaaten wider. Sowohl der Holzhandel als auch die Art der Waldbewirtschaftung, von Forschung und Personalentwicklung bis zum forstlichen Saatgut, sind maßgeblich von EU-Vorgaben beeinflusst. Eine besondere Rolle nehmen im EU-Recht staatliche Förderungen ein, insbesondere im Land- und Forstwirtschaftssektor.

Der EU werden durch *die Verträge* (EUV und AEUV, Art. 1 Abs. 2 Satz (S.) 2 AEUV i.V.m. Art. 1 S. 3 EUV) Gesetzgebungskompetenzen zugeschrieben. Diese sind unterschieden nach ausschließlicher und geteilter Zuständigkeit. Die ausschließliche Zuständigkeit, bei welcher die Mitgliedsstaaten nur durch Ermächtigung eigene Rechtsakte erlassen können, gilt unter anderem für die „Festlegung der für das Funktionieren des Binnenmarkts erforderlichen Wettbewerbsregeln" (Art. 3 Abs. 1 S. 1 Buchstabe (lit.) a AEUV). Die geteilte Zuständigkeit der Mitgliedsstaaten, sofern die EU ihre Zuständigkeit nicht ausübt, gilt im forstlichen Bereich insbesondere für die Umweltpolitik und den Binnenmarkt, unbeschadet der in ausschließlicher Zuständigkeit festgelegten Wettbewerbsregeln (Art. 2 Abs. 2 i.V.m. Art. 4 Abs. 2 S. 1 lit. a, e AEUV).

Die EU nimmt durch Verwendung einer Vielzahl an politischen Instrumenten Einfluss auf die politische Entwicklung der Mitgliedsstaaten. Die Maßnahmen lenken je nach verwendetem Instrument die Mitgliedsstaaten in verschiedener Intensität und räumlicher oder zeitlicher Dimension.

Als Mitglied der UN ist die EU in internationalen Abkommen zur Klima- und Umweltentwicklung involviert. Prominente Beispiele sind das „Pariser Übereinkommen über den Klimawandel", das „Übereinkommen über biologische Vielfalt (Rio)" sowie der „Globale Biodiversitätsrahmen von Kunming-Montreal". Die Konventionen werden sowohl unmittelbar auf nationaler Ebene als auch durch die EU als supranationale Organisation umgesetzt. Der Inhalt von Beschlüssen auf UN-Ebene wirkt sich maßgeblich auf die politische Arbeit der EU aus.

Die grundlegende politische Ausrichtung der EU wird in Rahmenregelungen und Strategieplänen formuliert. Diese umfassen in der Regel einen langfristigen Zeitraum und sind politische Grundlage weiterer Richtlinien und Verordnungen. Eines der relevantesten Konzepte der aktuellen EU-Umweltpolitik ist der European Green Deal. Dieser beinhaltet unter anderem die Vorstellung einer neuen Europäischen Biodiversitätsstrategie bis 2030, eines Umweltaktionsplans bis 2030 sowie einer EU-Waldstrategie für 2030 (Europäische Kommission, 2019). Die EU stellt 2021, initiiert durch den Green Deal, die EU-Strategie zur Anpassung an den Klimawandel vor und beschließt die Europäische Klimagesetz-Verordnung, wodurch unmittelbare Rechtsverbindlichkeit in allen Mitgliedsstaaten hergestellt wird (VO (EU) 2021/1119). Aus dem Maßnahmenpaket geht eine Vielzahl von Zielen hervor, die das Politikfeld der forstlichen Umweltpolitik teils stark beeinflussen. Die Kernelemente des Konzepts sind der Abbildung 1 (S. 21) zu entnehmen.

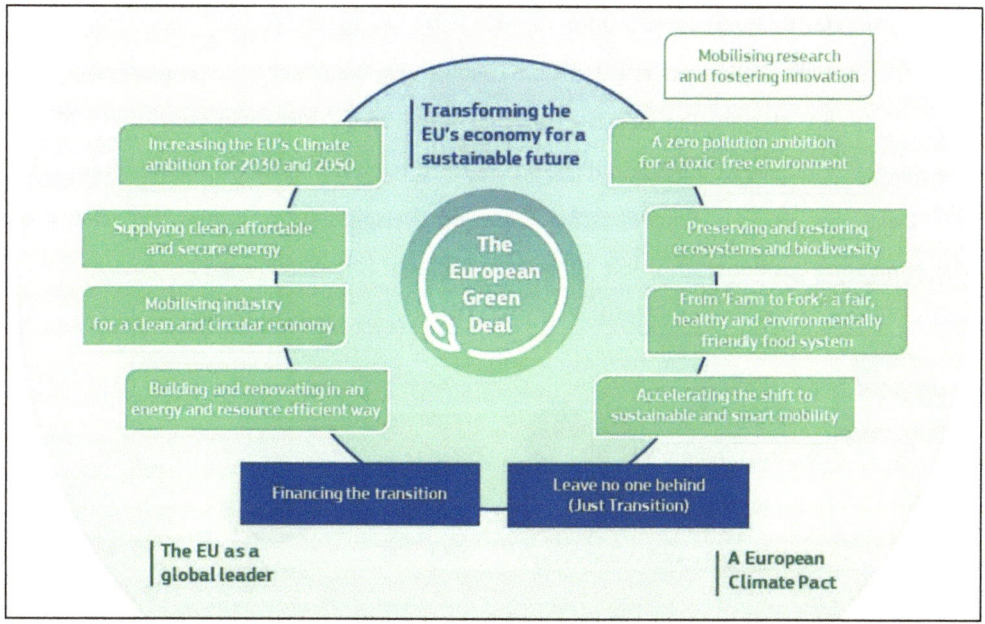

Abbildung 1: Zusammenstellung der übergeordneten Ziele des Europäischen Green Deals (Europäische Kommission, 2019, S. 3)

Die dargestellten Teilbereiche des Green Deals ziehen einerseits weitere Maßnahmen innerhalb des unmittelbaren Politikfeldes mit sich, können sich andererseits auch gegenseitig beeinflussen oder bedingen. Die EU-Waldstrategie fasst die waldbezogenen Ziele der Biodiversitäts- und Klimastrategie zusammen. Das übergeordnete Ziel der Klimastrategie im Wald ist die Verbesserung des Treibhausgasabbaus durch natürliche Senken zu fördern. Gleichzeitig soll der Verlust von Lebensräumen und Arten eingedämmt werden, um die Biodiversität im Klimawandel aufrechtzuerhalten. Dazu seien größere, gesündere und vielfältigere Wälder notwendig, unter anderem durch die Anpflanzung von mindestens 3 Milliarden Bäumen (Europäische Kommission, 2021a, S. 3). Es ergeben sich Zielkonflikte zwischen Holznutzung und Schutz von Waldökosystemen, wie der durch die Biodiversitätsstrategie geforderte Unterschutzstellung von 30 % der Landes- und Meeresfläche bis 2030 (Europäische Kommission, 2020, S. 4). Diesem Konflikt soll durch die

„Verbesserung der Überwachung und der dezentralen Planung der Wälder" (ebd.) begegnet werden. Die naheliegende und angedeutete Lösung, die Waldfläche zur Erweiterung der Prozessschutz- bei gleichbleibender Nutzungsfläche zu vergrößern, wie von Eberl (2020) vorgeschlagen, führt die Kommission nicht an. Zielsetzungen der einzelnen Bestandteile des Green Deals im Bereich Forstwirtschaft werden beispielsweise durch das Ziel der Kaskadennutzung des Rohstoffes Holz in Einklang gebracht (vgl. Abbildung 2).

Abbildung 2: Darstellung der schrittweisen Kaskadennutzung des Rohstoffes Holz im Verwendungszyklus (Europäische Kommission, 2021b, S. 23)

Zur Harmonisierung politischer Maßnahmen der Mitgliedsstaaten werden von der EU Richtlinien erlassen, welche in den Mitgliedsstaaten in nationales Recht umgesetzt werden. Diese konkretisieren politische Vorhaben aus Konventionen, Rahmenrichtlinien und Strategieplänen. Bedeutende Richtlinien für die Umweltpolitik im Wald sind die Europäische Vogelschutzrichtlinie und die Fauna-Flora-Habitat-Richtlinie. Beide Vorschriften zielen auf den Schutz einzelner Arten, derer Lebensräume und die Schaffung von Schutzgebieten ab, um die qualitative und quantitative Biodiversität im großräumigen Maßstab aufrechtzuerhalten. Beide sind Bestandteil des internationalen Schutzgebietsnetzwerks „Natura2000", um den integrativen Arten- und Biotopschutz in der EU gebündelt voranzutreiben (Art. 3 ff. RL (EG) 92/43/EWG).

Verordnungen mit unmittelbarer Rechtsverbindlichkeit werden auf EU-Ebene unter anderem zur Restriktion kurzfristig umweltschädlicher Wirtschaftsweisen erlassen. Beispiele im Forstsektor sind die Verordnung (EG) 338/97 zur Beschränkung des Handels wildlebender Tier- und Pflanzenarten auf Grundlage des Washingtoner Artenschutzübereinkommens sowie die EU-Holzhandelsverordnung. Diese dient dem Schutz des Ökosystems Wald vor illegalem Holzeinschlag, um die Kapazität des Kohlenstoffspeichers, die Biodiversität und damit verbundene Ökosystemleistungen zu sichern (Verordnung (EU) 995/2010). Außerdem ist der Umgang mit invasiven Neobiota in der Verordnung über invasive gebietsfremde Arten geregelt, mit dem Ziel, die heimische Biodiversität und damit verbundene Ökosystemdienstleistungen zu erhalten (VO (EU) 1143/2014).

Die Nennung der EU-Vorschriften beschränkt sich auf potenziell relevante Maßnahmen zur Förderrichtlinie „Klimaangepasstes Waldmanagement" im Bereich der forstbezogenen Umweltpolitik. Der Bezug zu Maßnahmen der EU ist nicht abschließend, Wechselwirkungen können auch mit weiteren Maßnahmen des gleichen oder eines anderen Politikfeldes bestehen.

3.2 Staatliche Beihilfen auf dem europäischen Binnenmarkt

Der Binnenmarkt als zentrales Element der europäischen Integration ist auch im forstlichen Bereich von großer Bedeutung. Innerhalb der EU wird den EU-Bürgern ein Raum ohne Binnengrenzen geboten (Art. 3 Abs. 2 S. 1 EUV). Dieser umfasst neben der Freizügigkeit auch einen europäischen Binnenmarkt. Der Binnenmarkt soll auf „eine in hohem Maße wettbewerbsfähige soziale Marktwirtschaft, die auf Vollbeschäftigung und sozialen Fortschritt abzielt, sowie ein hohes Maß an Umweltschutz und Verbesserung der Umweltqualität" (Art. 3 Abs. 3 S. 1 AEUV) hinwirken. An diesem Binnenmarkt nehmen auch Waldbesitzende als Unternehmen teil, da der Rohstoff Holz erzeugt wird, welcher potenziell im gesamten EU-Gebiet verkehrt und weiterverwendet wird. Charakterisiert wird der

Binnenmarkt durch vier Grundfreiheiten: Die Freiheit des Warenverkehrs, der Dienstleistungen, des Kapitals und der Arbeitnehmenden (Hailbronner & Jochum, 2006, S. 5). Im rechtlichen Sinne stellt sich der Binnenmarkt nach innen durch Marktfreiheit, Marktgleichheit und unverfälschten Wettbewerb, nach außen durch Einheitlichkeit des Marktes dar (Hailbronner & Jochum, 2006, S. 6).

Zur Wahrung des unverfälschten Wettbewerbes auf dem europäischen Binnenmarkt ist die Gewährung staatlicher Beihilfen an Marktteilnehmende durch den AEUV eingeschränkt:

> *„Soweit in den Verträgen nicht etwas anderes bestimmt ist, sind staatliche oder aus staatlichen Mitteln gewährte Beihilfen gleich welcher Art, die durch die Begünstigung bestimmter Unternehmen oder Produktionszweige den Wettbewerb verfälschen oder zu verfälschen drohen, mit dem Binnenmarkt unvereinbar, soweit sie den Handel zwischen Mitgliedstaaten beeinträchtigen."*
> (Art. 107 Abs. 1 AEUV)

Unzulässige Beihilfen liegen vor, wenn:

1. eine Begünstigung vorliegt,
2. diese aus staatlichen Mitteln finanziert ist,
3. einem Unternehmen oder Produktionszweig zugutekommt,
4. eine Wettbewerbsverfälschung vorliegt,
5. und der Handel zwischen den Mitgliedsstaaten beeinträchtigt ist.

Nach dem EU-Beihilferecht ist jede wirtschaftlich tätig werdende Einheit ein Unternehmen, insbesondere unabhängig von der Gewinnerzielungsabsicht, sofern sie in der Lage ist, Waren und Dienstleistungen an den Markt zu bringen (BAMF, 2022, S. 6). Waldbesitzende werden somit im beihilferechtlichen Sinne immer als Unternehmen angesehen. Staatliche Förderungen an Waldbesitzende sind somit potenziell beihilferechtswidrig.

Im AEUV sind einige Beihilfen von der Unvereinbarkeit mit dem Binnenmarkt ausgenommen. In den Artikeln 38 bis 44 des AEUV sind Regelungen zur Gemeinsamen Agrarpolitik (GAP) der EU festgelegt. Diese sehen staatliche Beihilfen an land- und fischereiwirtschaftliche Unternehmen vor. Aus dem dazu eingerichteten Europäischen Landwirtschaftsfond für die Entwicklung des ländlichen Raumes werden auch Beihilfen in den Forstsektor kofinanziert (VO (EU) 1305/2013).

Unter die mit dem Binnenmarkt vereinbaren Beihilfen fallen nach Art. 107 Abs. 3 S. 1 lit. e AEUV „sonstige Arten von Beihilfen, die der Rat durch einen Beschluss auf Vorschlag der Kommission bestimmt". In diesem Rahmen sind forstlich relevante Beihilfen in Form der Rahmenregelungen für staatliche Beihilfen (ABl. 2022/C 485/1), den sogenannten State Aid Guidelines (SAG) festgelegt. Zudem legen die Agrar-Gruppenfreistellungsverordnung (VO (EU) 2022/2472) sowie die GAP-Strategieplanverordnung (VO (EU) 2021/2115) Voraussetzungen für die Vereinbarkeit staatlicher Beihilfen im Primärsektor fest. Gemäß Artikel 46 der Agrar-Gruppenfreistellungsverordnung können mit dem Binnenmarkt vereinbare staatliche Beihilfen für Waldumwelt- und -klimaleistungen und die Erhaltung von Wäldern von der Anmeldepflicht freigestellt werden.

Zudem ist jede staatliche Beihilfe an grundsätzliche Voraussetzungen gekoppelt. Die Beihilfe muss einerseits einen Beitrag zu einem Ziel von gemeinsamem Interesse leisten, wie der Förderung eines bestimmten Wirtschaftszweiges, und darf andererseits die Handelsbeziehungen nicht in einer Weise verändern, die dem gemeinsamen Interesse zuwiderläuft (Rn. 36 ABl. 2022/C 485/1). Die Beihilfe muss einen Anreizeffekt bei den begünstigten Unternehmen erzielen, welcher eine Verhaltensänderung oder Tätigkeitserweiterung bewirkt (ebd., Rn. 39 a ii). Außerdem müssen staatliche Beihilfen in jedem Fall notwendig, geeignet und verhältnismäßig sein (ebd., Rn. 39 b i, ii, iii). Die Notwendigkeit staatlicher Maßnahmen besteht, wenn der angestrebte Effekt nicht durch den Markt ohne Einfluss staatlicher Maßnahmen eintreten würde (ebd., Rn. 71). Geeignet sind

Beihilfen, die in der Lage sind, den gewünschten Effekt auch tatsächlich zu bewirken (ebd., Rn. 72). Die Verhältnismäßigkeit wird durch das erforderliche Minimum an Beihilfe definiert, welche die Begünstigten zur Durchführung der Tätigkeit benötigen. Dieser Betrag überschreitet regelmäßig nicht die beihilfefähigen Kosten, wenn nicht ausdrücklich vorgesehen (ebd., Rn. 83 f.). Die vorgesehene Intensität der genehmigten Beihilfen ist in den SAG und der Agrarfreistellungsverordnung ersichtlich. Zudem müssen staatliche Beihilfen den Mitgliedsstaaten und der Kommission transparent dargelegt werden (ebd., Rn. 112).

Beihilfen im Forstsektor, welche eine kumulierte Fördersumme von 300.000 € in drei Jahren nicht übersteigen, unterliegen einem vereinfachten Anmeldeverfahren (Art. 3 Abs. 1 f. VO (EU) 2023/2831). Diese De-minimis-Beihilfen sind regelmäßig als nicht wettbewerbsverfälschend im Sinne des (i.S.d.) Art. 107 f. AEUV anzusehen. De-minimis-Beihilfen unterliegen nicht der Anmeldepflicht i.S.d. Art. 108 Abs. 3 EUV, sondern sind in einem nationalen und unionalem Register nach den Maßgaben des Art. 6 VO (EU) 2023/2831 zu erfassen , zu verwahren und der Kommission zu übermitteln.

4 Richtlinie „Klimaangepasstes Waldmanagement"

4.1 Rechtliche Grundlage

Das Bundesministerium für Ernährung und Landwirtschaft (BMEL) gewährt mit Inkrafttreten der „Richtlinie für Zuwendungen zu einem klimaangepassten Waldmanagement vom 28. Oktober 2022" waldflächenbezogene Zuwendungen an Waldbesitzende. Die Bundeshaushaltsordnung (BHO) erlaubt Zuwendungen an Dritte, sofern „der Bund an der Erfüllung durch solche Stellen ein erhebliches Interesse hat, das ohne die Zuwendungen nicht oder nicht im notwendigen Umfang befriedigt werden kann" (§23 BHO). Weiterhin können Bestimmungen zum Verwendungsnachweis sowie zum Prüfungsrecht getroffen werden (§44 Abs. 1 S. 2,3 BHO). Der Schutz des Klimas und die Entwicklung klimaresilienter Wälder ist laut dem BMEL „eine nationale Aufgabe von gemeinschaftlichem Interesse" (BMEL, 2022, S. 1), welche Ausgaben i.S.d. § 23 BHO legitimiert. Der Verwendungsnachweis wird durch Bescheinigung eines Zertifizierers (PEFC, FSC oder Naturland) nachgewiesen (BMEL, 2022, S. 5). Das Prüfungsrecht liegt bei der Fachagentur Nachwachsende Rohstoffe (FNR) sowie von ihr beauftragten Dritten (BMEL, 2022, S. 12 f.).

Die Zuwendung erfolgt als Festbetragsfinanzierung in Form eines Zuschusses, die Waldfläche des Forstbetriebes ist hierbei die Bemessungsgrundlage (BMEL, 2022, S. 6). Die Höhe der Zuwendung liegt je nach Betriebsgröße und (fakultativer) Flächenstilllegung 55 bis 100 € pro Hektar und Jahr. Erhalten Waldbesitzende bereits Förderungen für Teile des Fördergegenstands der Richtlinie Klimaangepasstes Waldmanagement, wird der Zuschuss anteilig gekürzt (BMEL, 2022, S. 6 ff.). Die Beihilfe erfolgte im ersten Haushaltsjahr auf Grundlage der De-minimis-Regel. Seit 2022 unterliegt das Beihilfeprogramm durch eine erfolgreiche Notifizierung (Art. 108 AEUV) nicht mehr der De-minimis-Grenze (FNR, 2023b).

Die Bindefrist für die Zuwendung beträgt 10 Kalenderjahre. Im Falle der Flächenstilllegung von 5 % der Betriebsfläche (vgl. Abschnitt 4.2.2) beträgt die Bindefrist weitere 10 Jahre. Der Zuschuss wird haushaltsjährlich bewilligt und ausgezahlt, vorbehaltlich vorhandener Haushaltsmittel. Kann der Zuschuss nicht ausgezahlt werden, erlöschen auch die Verpflichtungen der Begünstigten (BMEL, 2022, S. 9).

4.2 Inhalt der Förderrichtlinie

4.2.1 Zweck der Zuwendung

Die finanzielle Zuwendung soll Waldbesitzende zu einer bestimmten Form der Waldbewirtschaftung motivieren. Die angestrebte Form der Waldbewirtschaftung, das klimaangepasste Waldmanagement, zeichne sich laut der Förderrichtlinie durch Erhalt und Entwicklung resilienter, anpassungsfähiger und produktiver Wälder aus. Diese seien Grundlage für eine höhere Artenvielfalt, intensiveren Klimaschutz und intakte Ökosystemleistungen (BMEL, 2022, S. 1 f.).

Klimaprojektionen geben Aufschluss über szenarienbasierte Klimaveränderungen mit mittel- bis langfristigem Bezugszeitraum. Es ist bis zum Jahr 2100 davon auszugehen, dass die Jahresmitteltemperatur um mindestens 2,5 °C ansteigt. Damit einher gehen verlängerte Vegetationszeiträume sowie Wärmeperioden. Frosttage und Schneefälle hingegen werden seltener. Insbesondere das Auftreten von Niederschlägen verlagert sich von den Sommermonaten in den Herbst und Winter, zudem ist vermehrt mit Starkniederschlägen zu rechnen. Maßgeblicher Grund für diese Klimaentwicklung sind anthropogen emittierte Treibhausgase, beispielsweise Kohlenstoffdioxid (CO_2) (Moseley et al., 2012, S. 19 f.).

Durch Wachstumsprozesse in Waldökosystemen wird atmosphärischer Kohlenstoff, der hier als Treibhausgas wirkt, in Biomasse gebunden. Insbesondere im Holz von Bäumen ist eine langfristige Kohlenstoffspeicherung möglich. Wie viel Kohlenstoff in einem Waldökosystem gespeichert wird, hängt neben den beteiligten Baumarten vom Standort, der Klimaentwicklung und der Behandlungsform ab (Borys et al., 2013, S. 32 f.). Unter Berücksichtigung der Speicherleistung von Bestand, Waldboden, Totholz und Holzprodukten speichern Prozessschutzflächen die höchste Kohlenstoffmenge im Betrachtungszeitraum bis 2058 (ebd., S. 33 f.). Substitutionseffekte durch Verwendung von Holzprodukten sind hierbei nicht berücksichtigt (ebd., S. 29).

Mit den klimatischen Veränderungen geht ein Wechsel der standörtlichen Bedingungen für Waldökosysteme einher. Daraus resultiert der Rückgang etablierter (Baum-) Arten an ehemals günstigen Standorten durch eine Verschiebung der ökologischen Nische Richtung Norden (Hickler et al., 2012, S. 175 ff.). Gleichzeitig ist die natürliche Ausbreitung neuer standortangepasster Arten ein „langwieriger Prozess, der von der Änderung der Umweltbedingungen, der Samenverbreitung der einzelnen Arten und der Konkurrenzkraft der etablierten Arten abhängt" (ebd., S. 177). Es kommt zu einer kurzzeitigen Armut an Biodiversität. Eben dieser kommt bei der Entwicklung klimaresilienter Wälder „eine Schlüsselrolle zu, da die unterschiedliche Anpassungskapazität verschiedener Arten das Anpassungsvermögen von Waldökosystemen erhöhen kann" (ebd., S. 184).

Das vorrangige Ziel von Zuwendungen gemäß der Förderrichtlinie „Klimaangepasstes Waldmanagement" liegt folglich darin, eine hohe Biodiversität zu schaffen, welche hohe Produktivität, Dauerhaftigkeit und Anpassungsfähigkeit bedingt.

4.2.2 Kriterienkatalog

Der Kriterienkatalog, welcher den Erhalt der Zuwendung bedingt, umfasst nach Punkt 2.2 der Förderrichtlinie sinngemäß folgende Kriterien (BMEL, 2022, S. 1 f.):

1. Verjüngungszeiträume von über fünf Jahren
2. Vorrang natürlicher Verjüngung
3. Verwendung standortheimischer Baumarten
4. Zulassen von Sukzessionsstadien
5. Erhalt und Erweiterung der Baumartendiversität
6. Verzicht auf Kahlschläge
7. Anreicherung und Erhöhung der Diversität an Totholz
8. Kennzeichnung und Erhalt von Habitatbäumen
9. Rückegassenabstände von mindestens 30 Metern
10. Verzicht auf Düngung und Pflanzenschutzmittel
11. Maßnahmen zur Wasserrückhaltung
12. Natürliche Waldentwicklung auf fünf Prozent der Waldfläche

Dabei sind die Kriterien eins bis elf zwingend zu erfüllen. Das zwölfte Kriterium ist ab einer Betriebsfläche von 100 ha obligatorisch, kann von kleineren Betrieben fakultativ erfüllt werden. Werden alle zwölf Kriterien erfüllt, erhöht sich die Zuwendungssumme von 85 auf 100 €/ha. Betriebe über 100 ha Größe erhalten gestaffelt geringere Förderbeträge für die darüberhinausgehenden Flächen (BMEL, 2022, S. 3).

Alle Kriterien gehen über gesetzliche Anforderungen hinaus. Außerdem ist eine qualitative oder quantitative Additionalität gegenüber den Standards der Zertifizierer PEFC und FSC gegeben (Deutscher Bundestag, 2021, S. 15 ff.).

4.2.3 Kriterium „Natürliche Waldentwicklung"

In dieser Arbeit wird schwerpunktmäßig das zwölfte Kriterium der Richtlinie betrachtet. Die Anforderungen werden in Abschnitt 2.2.12 der Richtlinie folgendermaßen bestimmt:

> „Natürliche Waldentwicklung auf 5 Prozent der Waldfläche. Obligatorische Maßnahme, wenn die Waldfläche des Antragstellers 100 Hektar überschreitet. Freiwillige Maßnahme für Antragsteller, deren Waldfläche 100 Hektar oder weniger beträgt. Die auszuweisende Fläche beträgt dabei mindestens 0,3 Hektar und ist 20 Jahre aus der Nutzung zu nehmen. Naturschutzfachlich notwendige Pflege oder Erhaltungsmaßnahmen oder Maßnahmen der Verkehrssicherung gelten nicht als Nutzung. Bei Verkehrssicherungsmaßnahmen anfallendes Holz verbleibt im Wald." (BMEL, 2022)

Die fünf Prozent der Waldfläche beziehen sich auf die absolute Waldfläche des Betriebes. Da die Flächenauswahl für Waldbesitzende mit kleinen Waldflächen schwieriger ist, ist dieses Kriterium auf Waldbesitz ab 100 ha begrenzt. Diese sollen trotzdem die Möglichkeit haben, dieses Kriterium freiwillig umzusetzen und entsprechende Zuschüsse zu erhalten. Die natürliche Waldentwicklung ist das einzige Kriterium, für welches eine Bindefrist von 20 Jahren festgelegt ist. Diese Sonderstellung geht aus den langen forstlichen Planungs- und Durchforstungsintervallen hervor, welche zur Additionalität des Kriteriums überboten werden müssen (BMEL, 2022, S. 1). Die allgemeine Bindefrist von zehn Jahren wird im Folgenden als Zuwendungszeitraum 1, die besondere Bindefrist vom 11. bis zum 20. Jahr als Zuwendungszeitraum 2 bezeichnet. Die natürliche Waldentwicklung erfordert eine 20-jährige Hiebsruhe in den ausgewiesenen Beständen. Ausnahmen von der Hiebsruhe sind in der Förderrichtlinie formuliert, anfallendes Holz darf jedoch nicht aus den Beständen entfernt werden (ebd., S. 2). In den Begriffsdefinitionen der Richtlinie werden die natürliche Waldentwicklung sowie die Ausnahmen vom Eingriffsverbot spezifiziert:

> *„Eine natürliche Waldentwicklung im Sinne dieser Förderrichtlinie liegt vor, wenn auf Wald- oder waldfähige Flächen von mindestens 0,3 Hektar Größe forstwirtschaftliche Eingriffe für mindestens 20 Jahre ausgeschlossen sind. Ausnahmen für Eingriffe in den Baumbestand sind naturschutzpflegerische Eingriffe sowie dringend notwendige Verkehrssicherungs- und Forstschutzmaßnahmen. In diesen Fällen müssen die gefällten Bäume als Totholz im Bestand verbleiben, wenn nicht andere Gründe der Gefahrenabwehr oder der Bekämpfung invasiver Neobiota dagegensprechen."* (BMEL, 2022, S. 19)

Eine abschließende Definition der förderfähigen Waldflächen geht aus der Richtlinie nicht hervor. Es ist eine Mindestausdehnung von 0,3 ha Größe ohne Angabe zur Formausprägung vorgeschrieben. Die Flächen müssen Waldflächen sein, dies schließt auch unbestockte Flächen mit Waldeigenschaft i.S.d. LFoG NRW nicht aus. Näheres zur Beschaffenheit des (potenziellen) Waldes ist nicht geregelt. Naturschutzfachlich notwendige Pflege- und Erhaltungsmaßnahmen werden in der Richtlinie weiter definiert:

> *„Naturschutzfachlich notwendig sind Pflege- bzw. Erhaltungsmaßnahmen, die unabdingbar erforderlich sind, um Schutzgüter des Naturschutzes (z. B. Arten, geschützte Biotope oder Waldlebensraumtypen) entgegen der natürlichen Entwicklung und Dynamik zu erhalten. Dies kann auch die Aufrechterhaltung bestimmter kulturbetonter Waldformen (z. B. Nieder-, Mittel-, Hutewälder, Waldränder) umfassen."* (BMEL, 2022, S. 19 f.)

Demnach sind Konflikte mit Schutzgebiets- und Artenschutzbestimmungen durch Unterlassen von Managementmaßnahmen ausgeschlossen. Fraglich ist, welche Eingriffe außerhalb von

Schutzgebieten und Artenschutzverordnungen naturschutzfachlich erforderlich sind. Es ist nicht hinreichend definiert, welche Arten, Waldlebensraumtypen (LRT) und kulturbetonten Waldformen Schutzgüter des Naturschutzes sind.

Insbesondere die ungelenkte natürliche Waldentwicklung soll einen Beitrag zur Klimaresilienz leisten (BMEL, 2022, S. 1). Fortlaufende Biomasseakkumulation erhöhe den Kohlenstoffvorrat langfristig. Außerdem trage die natürliche Entwicklung erwartungsgemäß einen hohen Anteil zur standortangepassten sowie zu einer insgesamt diverseren Artenzusammensetzung bei. Dazu seien lange Zeitintervalle notwendig, denen mit der Förderrichtlinie begegnet werden soll (ebd.). Die hauptsächlichen und in dieser Arbeit beurteilten Ziele des Kriteriums natürlicher Waldentwicklung sind demnach die Steigerung und Erhaltung der Biodiversität und der Kohlenstoffbindung. Damit die von den Forstbetrieben umgesetzten Vorgaben der Förderrichtlinie mit den Zielen der natürlichen Waldentwicklung konvergieren, müssen aus dem Nutzungsverzicht Effekte eintreten, die zur Zielerreichung beisteuern.

4.3 Spezifikationen des PEFC zur natürlichen Waldentwicklung

Die vertragsgemäße Verwendung des Zuschusses wird durch Zertifizierungsstellen kontrolliert und bescheinigt. Dementsprechend werden die Kriterien durch den Zertifizierer ausgelegt und konkretisiert. 90 % der Zuwendungsempfänger sind durch die Institution PEFC Deutschland e.V. (nachfolgend PEFC) zertifiziert (Deutscher Bundestag, 2021, S. 5). Aufgrund der vorwiegenden Abnahme durch das PEFC-Modul werden im Rahmen dieser Arbeit ausschließlich PEFC-Spezifikationen berücksichtigt.

Auf der Webseite des PEFC sind FAQs zum Fördermodul aufgeführt. Darin sind Konkretisierungen zu Unklarheiten der Förderrichtlinie zu finden. Auf die Frage, wie die Kriterien allgemein auszulegen sind, erläutert der PEFC folgendes:

„Alle Waldbesitzenden, die am PEFC-Fördermodul als Nachweissystem teilnehmen möchten, können alle Waldbewirtschaftungsmaßnahmen durchführen, die den […] genannten Kriterien sowie dem PEFC-Standard für nachhaltige Waldbewirtschaftung […] entsprechen bzw. diesen nicht widersprechen." (PEFC Deutschland e.V., 2023b)

Ferner sind auf der Webseite des PEFC zu den einzelnen Kriterien FAQs zu finden. Diese geben Aufschluss über die Freiräume und Grenzen nach PEFC-Auslegung. Es wird unter anderem Stellung zur konkreten Flächenausformung und Zerschneidung durch Wege bezogen:

„Die Stilllegungsfläche kann sich auf mehrere, räumlich getrennte Flächen aufteilen. Die Mindestgröße von 0,3 ha gilt dabei aber auch für die Teil-Stilllegungsflächen." (PEFC Deutschland e.V., 2023a)

„Die in Kriterium 12 festgelegten Anforderungen beziehen sich auf die Bewirtschaftung / Pflege der Wälder, nicht auf das Betretungsrecht bzw. das allgemeine Nutzungsrecht. Das heißt, dass auf den Stilllegungsflächen forstwirtschaftliche Eingriffe zu unterbleiben haben, Wege und Mountainbike-Trails aber nicht gesperrt werden müssen." (PEFC Deutschland e.V., 2023a)

Außerdem wird die Frage geklärt, inwiefern die ausgewählten Flächen bestockt sein müssen oder auch Kahl- und Kalamitätsflächen förderfähig sind:

„Ja. Es bestehen keine Anforderungen an die Stilllegungsflächen. Ggf. sind geltende, weitere gesetzliche Regelungen, wie die Wiederbewaldungspflicht, zu berücksichtigen." (PEFC Deutschland e.V., 2023a)

Demnach können auch Kahlflächen ausgewählt werden, sofern durch Naturverjüngung die Entstehung von Wald zu erwarten ist. Zudem sind gemäß der Richtlinienformulierung alle Waldflächen im Sinne des Gesetzes förderfähig, wie der PEFC auf seiner Webseite bestätigt:

> *„Die Förderrichtlinie zielt auf Waldflächen ab. Sowohl in der Definition des Bundeswaldgesetzes (BWaldG) sowie auch in jener der allermeisten Landeswaldgesetze (LWaldG) sind die aufgeführten Nicht-Holzbodenflächen* [Waldwiesen, Sukzessionsflächen, Brüche, Tümpel, A. d. V.] *Teil des Waldes. Daher können auch Waldwiesen etc. als Flächen für eine natürliche Waldentwicklung (Krit. 12) ausgewiesen werden."* (PEFC Deutschland e.V., 2023a)

Bezüglich zugelassener Maßnahmen des Naturschutzes äußert sich der PEFC nur bedingt. Behördlich angeordnete Maßnahmen werden explizit gestattet, ohne dass die Förderfähigkeit erlischt. Sonstige Maßnahmen im Rahmen des Forstschutzes, beispielsweise die Aufarbeitung von Kalamitätsholz, werden nicht unter die naturschutzfachlich notwendigen Maßnahmen gefasst. Diese Maßnahmen und insbesondere die im Glossar erwähnten Schutzgüter des Naturschutzes werden nicht näher spezifiziert.

Des Weiteren sind Eingriffe in den Baumbestand, die nicht naturschutzfachlich oder verkehrssicherungstechnisch notwendig sind, unmissverständlich ausgeschlossen. Flächennutzungen in Form von Saatguternte oder Windkraftanlagen führen zur Rückforderung des Zuschusses. Das Jagdrecht wird von der Flächenstilllegung ausdrücklich nicht berührt (PEFC Deutschland e.V., 2023a).

4.4 Juristische Auslegungsmethodik

Die Formulierung der Kriterien lässt Auslegungsspielraum. In Bezug auf die natürliche Waldentwicklung sind insbesondere die Flächenauswahl sowie die zugelassenen naturschutzfachlichen Eingriffe nicht weitreichend definiert.

4.4.1 Auslegungstheorie

Um klare Definitionen der in der Förderrichtlinie genannten Begriffe zu erlangen, welche nicht im Glossar oder durch den Zertifizierer abschließend definiert werden, kann juristische Auslegungsmethodik angewandt werden, da die Förderrichtlinie dem Charakter eines normativen Textes entspricht. In dieser Arbeit sollen die Grundzüge der juristischen Auslegungsmethodik erläutert und angewandt werden. Ein tiefgreifender Exkurs in juristische Themengebiete ist im Rahmen des Arbeitsumfangs nicht angemessen. Es steht die praxisnahe Auslegung der Förderrichtlinie durch einen anwendenden Forstbetrieb im Vordergrund.

Die Auslegung von normativen Gesetzestexten ist ein zur Rechtsanwendung notwendiger Schritt. Auslegung wird als vermittelnde Auseinandersetzung mit einem unklaren (problematischen) Text verstanden, um sich den Sinn und damit den rechtlichen Anspruch eines Gesetzes zu erschließen (Larenz & Canaris, 1995, S. 133). Rechtliche Auslegungen können bei allgemein formulierten Gesetzestexten nicht abschließend als allgemeingültig behandelt werden, stattdessen kann eine Vielzahl an Auslegungen zutreffen (Larenz & Canaris, 1995, S. 135). Auslegung findet auf der grammatikalischen, historischen, systematischen und teleologischen Ebene statt. Nur unter Betrachtung aller Ebenen stellt die Auslegung eine belastbare rechtswissenschaftliche Methode dar (Larenz & Canaris, 1995, S. 140 ff.). Die Förderrichtlinie ist kein Gesetzestext, hat für Beihilfeempfänger aber einen normativen Charakter und ist somit ähnlich zu behandeln.

Unter Beachtung der Rangfolge der Betrachtungsebene für junge Gesetzestexte (Walz, 2010, S. 487 f.) und des limitierten Umfangs der Arbeit wird sich weitgehend auf die Stufe der Wortauslegung konzentriert. Zudem bestärkt die Erklärung des PEFC, förderungsfähig seien alle Waldbewirtschaftungsmaßnahmen, die den Kriterien entsprechen bzw. diesen nicht widersprechen, zu einer Auslegung auf Grundlage des Wortlautes. Der Wortlaut definiert auf grammatikalischer Ebene den Auslegungsspielraum (Larenz & Canaris, 1995, S. 145). Oder in anderen Worten: Der Wortlaut ist die Grenze der Auslegung. Der Wortsinn bezieht sich einerseits auf allgemeingültig definierte Wortbedeutungen, andererseits auf fachgebundene Wortbedeutungen des juristischen und forstlichen Sprachgebrauchs. Auch die teleologische Auslegungsebene, die den Sinn und Zweck der Regelung und somit den Willen des Gesetzgebers in die Auslegung einbezieht, wird betrachtet (Larenz & Canaris, 1995, S. 153).

4.4.2 Auslegung der Förderrichtlinie

Im Glossar der Richtlinie sollen fachliche Erläuterungen zu problematischen Formulierungen innerhalb der Kriterien getroffen werden. Einige Begriffe werden im Glossar nicht aufgegriffen bzw. neu eingebracht. Auslegungsbedarf für die Umsetzung der Förderrichtlinie besteht hauptsächlich bei folgenden Begriffen:

- Forstwirtschaftliche Eingriffe
- Schutzgüter des Naturschutzes
- Dringend notwendige Verkehrssicherungsmaßnahmen

Als Forstwirtschaft wird die „planmäßige, auf den Anbau und Abschlag von Holz in Wäldern ausgerichtete Wirtschaftstätigkeit" (Henning C. , 2023) bezeichnet. Das Ziel dieser Tätigkeit umfasst neben der Produktion des Rohstoffes Holz auch den Erhalt der Waldfunktionen (ebd.). Waldfunktionen sind nach § 1 Abs. 1 1 Nr. 1 BWaldG die Nutz-, Erholungs- und (a-) biotische Schutzfunktion der Waldökosysteme. Insbesondere Eingriffe in den Baumbestand werden im Glossar der Förderrichtlinie als Tatbestand forstwirtschaftlicher Eingriffe betont

(BMEL, 2022, S. 11). Unmittelbar den Baumbestand beeinflussen können Maßnahmen zum Erhalt der Nutzfunktion (Holz- und Samenernte, Pflanzung oder Wertastung), der Erholungsfunktion (Bau von Erholungseinrichtungen, Wegeneubau) sowie der Schutzfunktion (Entfernen von Holz mit akutem Käferbefall). Diese Maßnahmen sind somit i.S.d. Förderrichtlinie als ausgeschlossen anzusehen. Fraglich hingegen ist die Zulässigkeit forstwirtschaftlicher Maßnahmen, die nicht unmittelbar in den Baumbestand eingreifen. Darunter fallen Eingriffe in den Wasserhaushalt, Bodenschutzkalkungen, Umzäunungen sowie die Pflege vorhandener Wege. Alle Maßnahmen sind durch Wortauslegung den forstwirtschaftlichen Maßnahmen zuzuordnen. Das Förderziel der Richtlinie liegt jedoch darin, eine Waldbewirtschaftung zu etablieren, welche „resiliente, anpassungsfähige und produktive Wälder erhält und entwickelt. Das klimaangepasste Waldmanagement trägt zur Verbesserung der biologischen Vielfalt bei und leistet einen Beitrag zum Klimaschutz sowie zu anderen Ökosystemleistungen" (BMEL, 2022, S. 1). Die genannten Maßnahmen sind in Bezug auf die Zielsetzung nicht förderungswidrig und können im Zuge der teleologischen Auslegung als zulässig bewertet werden. Bestimmungen zum Abbau funktionslos gewordener Zäunungen (§ 3 Abs. 3 S. 1 LFoG NRW), dem freien Betretungsrecht (§ 2 Abs. 1 S. 1 LFoG NRW) sowie der Jagdausübung bleiben unberührt[1].

---

[1] Das Verhältnis der Wiederbewaldungspflicht nach § 44 LFoG NRW i.V.m. § 11 BWaldG bleibt unklar und erfordert weiterer Forschung. Im untersuchten Beispielbetrieb ist keine Fläche mit natürlicher Waldentwicklung kahlgefallen, eine ausführliche Betrachtung der Wiederbewaldungspflicht war daher nicht relevant.

Pflege- und Erhaltungsmaßnahmen zugunsten von Schutzgütern des Naturschutzes sind in der Förderrichtlinie ausdrücklich nicht als forstwirtschaftliche Eingriffe zu werten. Schutzgüter des Naturschutzes werden in § 2 Abs. 1 S. 1 UVPG definiert:

> *„Schutzgüter im Sinne dieses Gesetzes sind Menschen, insbesondere die menschliche Gesundheit, Tiere, Pflanzen und die biologische Vielfalt, Fläche, Boden, Wasser, Luft, Klima und Landschaft, kulturelles Erbe und sonstige Sachgüter sowie die Wechselwirkung zwischen den vorgenannten Schutzgütern."*

Diese Definition umfasst alle Elemente eines Waldökosystems. Somit wäre auf Grundlage der Wortauslegung jeder Eingriff in den Baumbestand zulässig, welcher notwendig ist, ein Bestandteil des Waldes „entgegen der natürlichen Entwicklung und Dynamik zu erhalten" (BMEL, 2022, S. 11), unabhängig von der Qualität des Schutzgutes. Zur Bewertung der naturschutzfachlichen Notwendigkeit von Eingriffen in den Baumbestand sind mindestens die Beweggründe des Maßnahmenträgers einzubeziehen. Ist die Intention der Maßnahme ein langfristiger betriebswirtschaftlicher Vorteil, bspw. durch den Erhalt eines willkürlichen Waldlebensraumtyps, liegt regelmäßig keine naturschutzfachliche Notwendigkeit vor. Beabsichtigt der Maßnahmenträger eine naturschutzfachliche Verbesserung der Flächensituation in Bezug auf die Ziele der Richtlinie oder Gesetzgebungen im Bereich des Naturschutzes, ist eine naturschutzfachliches Zielstellung nicht zu widerlegen. Grundsätzlich können Maßnahmen zugunsten von Arten (-gruppen) als naturschutzfachlich notwendig angesehen werden, wenn ein Schutzstatus nach dem BNatSchG vorliegt. Diese umfassen neben den besonders oder streng geschützten Arten (§ 7 Abs. 1 S. 1 Nr. 13, 14 i.V.m. § 44 BNatSchG) auch geschützte Gebiete, Biotope und Landschaftselemente mitsamt ihren Schutzinhalten (§§ 23 – 30, 32 BNatSchG). Ein Schutzstatus nach dem BNatSchG impliziert ein besonderes Interesse des Gesetzgebers am Erhalt sowie eine grundlegende Bedeutung für die durch die Förderrichtlinie angestrebte Biodiversität.

Die allgemeine Verkehrssicherungspflicht ist im BGB geregelt. Eine widerrechtliche Rechtsgutsverletzung eines anderen durch Vorsatz oder Fahrlässigkeit führt nach § 823 Abs. 1 BGB zu einer Schadensersatzpflicht des Verschuldenden. „Fahrlässig handelt, wer die im Verkehr erforderliche Sorgfalt außer Acht lässt" (§ 276 Abs. 2 BGB). Demnach hat jeder sich und in seinem Besitz befindliche Sachen, auf die andere Verkehrsteilnehmende rechtmäßigen Zugriff haben, davor zu sichern, fremde Rechtsgüter zu beeinträchtigen. Eine Verletzung dieser Verkehrssicherungspflicht kann auch durch Unterlassen entstehen (§ 13 Abs. 1 StGB).

Waldbesitzende sind in begrenztem Umfang verkehrssicherungspflichtig. Innerhalb des Waldes sind aufgrund des unverhältnismäßig hohen Aufwandes, resultierend aus dem freien Betretungsrecht des Waldes, waldtypische Gefahren von der Verkehrssicherungspflicht ausgenommen (§14 Abs. 1 S. 2 f. BWaldG i.V.m. § 2 Abs. 1 LFoG NRW). Waldtypische Gefahren sind solche, die sich aus der Natur oder der ordnungsgemäßen Forstwirtschaft ergeben. Die Verkehrssicherungspflicht beläuft sich auf walduntypische Gefahren, bspw. Bauwerke oder unsachgemäße Forstwirtschaft, sowie Gefahren, die vom Wald auf andere Flächen ausgehen, bspw. öffentliche Wege und Straßen. Diese Maßnahmen sind als dringend notwendig i.S.d. Förderrichtlinie anzusehen. Verstöße gegen diese Verkehrssicherungspflichten sind rechtswidrig. Maßnahmen zur Abwendung potenzieller Gefahren, für welche eine Verkehrssicherungspflicht besteht, können daher nicht durch die Förderrichtlinie unterbunden werden.

5 Anwendung der Förderrichtlinie

Die Anwendung der Förderrichtlinie wird mithilfe eines computergestützten Simulationsprogramms dargestellt und daraus entstehende, langfristige Effekte simuliert. Die Ausweisung der notwendigen Flächen zur natürlichen Waldentwicklung erfolgt nach den Maßgaben der betrieblichen Zielsetzung. Diese wird in Bezug auf die Naturaldaten und Ressourcenausstattung des Beispielbetriebs dargestellt.

Zur Einordnung der betriebswirtschaftlichen Zweckmäßigkeit der Flächenausweisung werden Kosten und Erträge der Stilllegungsflächen im Vergleich mit einem Basisszenario prognostiziert und durch eine Kosten-Leistungs-Rechnung ausgewertet.

5.1 Softwaregestützte Waldwachstumssimulation

5.1.1 Simulationssoftware

Zur realitätsnahen Simulation der Waldbestände wird die Software TreeGrOSS: ForestSimulation (Version 8.0.6 XML) der NW-FVA verwendet. Der Waldwachstumssimulator nutzt Ertragstafelwerte, um Prognosen für die Entwicklung von Baumbeständen zu errechnen. Dabei können natürliche Einflüsse sowie forstwirtschaftliche Eingriffe berücksichtigt werden.

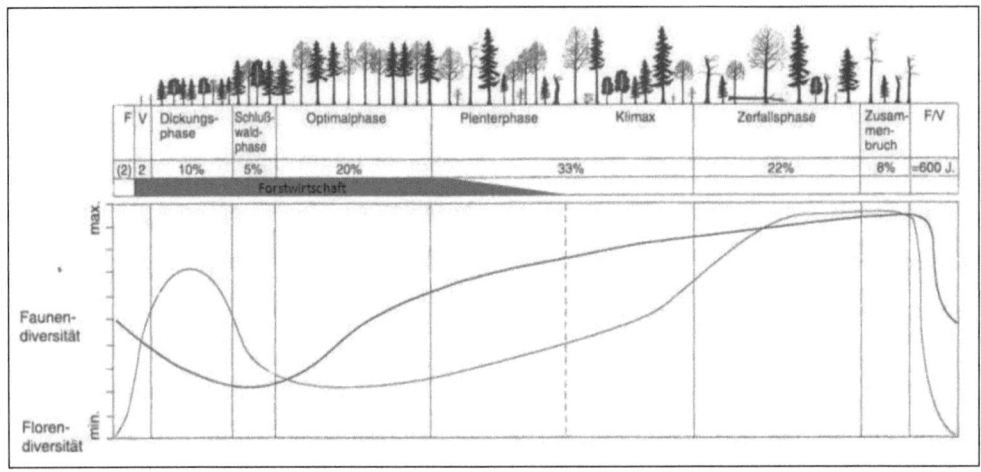

F	V	Dickungs-phase	Schluß-wald-phase	Optimalphase	Plenterphase	Klimax	Zerfallsphase	Zusam-men-bruch	F/V
(2)	2	10%	5%	20%	33%		22%	8%	=600 J.

Abbildung 3: Die Entwicklung der Biodiversität von Flora und Fauna in Waldökosystemen im typisierten Waldentwicklungszyklus (Adler et al., 2013, S. 2)

Die Biodiversität von Flora und Fauna in Waldökosystemen korreliert mit der Dynamik der Waldentwicklungsphasen (vgl. Abbildung 3). Mit der Simulation werden allgemeine Gesetzmäßigkeiten dargestellt, nach welchen sich Waldbestände entwickeln. Auch die Entwicklung der Biodiversität ist somit abbildbar. Mortalität und Ansamungseffekte werden zufällig berücksichtigt. Ereignisse wie Kalamitäten können in der Simulation nicht prognostiziert werden. Daher kann das Ergebnis der Simulation unmöglich auf einen einzelnen Bestand mit Anspruch auf Vollständigkeit angewandt werden, gleicht sich aber mit hoher Flächengröße, wie sie bei der Förderrichtlinie ausgewiesen wird, der Realität an.

Die Flächengröße simulierter Bestände ist frei wählbar. Aufgrund der Rechenkapazitäten der Software sind Flächengrößen über 1 ha Größe nicht angemessen. Die Flächengröße wird somit für diese Arbeit auf 1 ha begrenzt. Zur Erhöhung der Rechenkapazitäten wird der 3-D-Modus deaktiviert, da keine dreidimensionale Darstellung des Bestandes notwendig ist. Statistische Sicherheit wird durch mehrfach ausgeführte Simulationen erreicht. Es werden je Bestand zehn Simulationen durchgeführt, jeweils fünf in 20- bzw. 5-Jahres-Schritten. Aus den zehn Samples werden bestandesbezogene Mittelwerte gebildet. Auf die Aufnahme von Einzelbaumkoordinaten wird verzichtet, da hierzu in Bezug auf das Ziel dieser Arbeit keine Notwendigkeit besteht. Die angelegte Fläche wird durch Zufallsverteilungen bestockt, unter Angabe der Baumart mit dem jeweiligen Alter, der Grundfläche, dem maximalen Durchmesser, dem Brusthöhendurchmesser (BHD) und der Höhe des Kreisflächenmittelstammes (d_g) und der Bonität. Außerdem werden Mischungsformen und Rückegassen aufgenommen und beim Generieren des Bestandes berücksichtigt. Neben der Bestockung durch Zufallsverteilung anhand der Grundfläche ist auch eine gezielte Anlage von Einzelbäumen unter Angabe der Einzelbaumparameter möglich (Hansen & Nagel, 2014, S. 54 ff.).

Um die Bestände gemäß der natürlichen Waldentwicklung zu simulieren, werden Einwuchs- und Risikomodell aktiviert. Außerdem werden Zufallseffekte aktiviert, wodurch eine Zufallskomponente das Einzelbaumwachstum beeinflusst (Hansen & Nagel, 2014, S. 30), um bei wiederholten Simulationen Abweichungen zu erzielen. Eine Behandlungskette wird nicht festgelegt. In sonstigen Belangen werden die Standardeinstellungen übernommen.

Das Ergebnis der Simulation sind die Bestandesdaten wie Vorrat, Grundfläche, Bestockungsgrad und Stammzahl in Tabellenform. Das visuelle Bestandesbild wird als zweidimensionale Darstellung generiert. Außerdem sind Statistiken wie die Durchmesserverteilung und Baumartenzusammensetzung extrahierbar. Die in der Bindefrist akkumulierte Biomasse kann mithilfe von bestandesbezogenen Umrechnungsfaktoren (Klein & Schulz, 2011) als Kohlenstoffdioxidambivalent angegeben werden. In Bezug auf die Ziele resilienter Wälder und Biodiversität in der Förderrichtlinie ist insbesondere auch die Strukturtabelle des Bestandes aufschlussreich (Hansen & Nagel, 2014, S. 24 f.). Hier sind Baumartenanzahl, Shannon-Wiener-Index (Hs), Evenness (E), Baumartenprofilindex (A) nach Pretzsch und Durchmischungsprozente nach von Gadow ersichtlich. Die absolute Artenanzahl wird im Folgenden als quantitative Biodiversität bezeichnet, der Begriff qualitative Biodiversität beschreibt in dieser Arbeit die weiteren Strukturindices.

Ausschlaggebend für die quantitative Biodiversität ist die Artenvielfalt, definiert durch die absolute Artenanzahl. Im Rahmen des klimaangepassten Waldmanagements ist insbesondere die Anzahl der Gehölzarten Gegenstand der Untersuchung, krautige Pflanzen werden nicht einbezogen. Der Shannon-Wiener-Index sowie die Evenness gelten als wichtige Indikatoren in Zusammenhang mit der Artenvielfalt. Der Shannon-Wiener-Index beschreibt die Heterogenität des Arteninventars (Bäumler, 2019). Je höher der Shannon-Wiener-Index ist, desto höher ist die Artenheterogenität der Gesamtfläche. Hier wird der Index mit dem natürlichen Logarithmus angegeben. Da die Skalenreichweite des Shannon-Wiener-Index von der absoluten Artenanzahl abhängig ist, wird der Index zur besseren Vergleichbarkeit ins Verhältnis mit dem individuellen Maximalwert Hs_{max} gesetzt. Dieses Verhältnis, das die Dominanzverhältnisse der Arten untereinander beschreibt, wird als Evenness bezeichnet (ebd.). Sind alle Arten gleichverteilt, ist die Evenness am höchsten, entsprechend dem Wert 1,0. Mit ungleicher Verteilung sinkt der Wert gegen Null. Beide Parameter können auf Grundlage der Grundfläche oder der Stammzahl berechnet werden. Für Waldökosysteme bietet sich die Berechnung mithilfe der Grundfläche an, diese wird in den Strukturtabellen des Waldwachstumssimulators verwendet (vgl. Anhang 12). Bei Kulturflächen ohne Angabe der Grundfläche wird die Berechnung anhand der Stammzahl (vgl. Anhänge 13 & 14) vorgenommen.

Der Baumartenprofilindex beschreibt zusammenfassend die Bestandes- und Mischungsstruktur von Waldökosystemen (Pretzsch, 1996, S. 136). Der Minimalwert der Skala A = 0 beschreibt einen einschichtigen Reinbestand, mit einer einzigen Baumart und allen Individuen in derselben Höhenstufe. Ein Bestand hat bis zu drei Höhenstufen, deren Grenzwerte von der Oberhöhe (h_{100}, Höhe des Kreisflächenmittelstamms der 100 stärksten Bäume je Hektar) abhängig sind (ebd.). Je mehr Baumarten und Höhenstufen im Bestand vertreten sind, desto höher der Wert. Der Maximalwert entspricht dem natürlichen Logarithmus des Produkts der Artenanzahl und der Anzahl vertretener Höhenstufen (ebd.).

Die Durchmischungsprozente nach von Gadow werden zur Bewertung der Heterogenität bestandesinterner Nachbarschaftsverhältnisse herangezogen (v. Gadow, 1993, S. 603 f.). Der Index wird parameterspezifisch für die Durchmischung von Arten, Baumhöhen und Baumdurchmessern angegeben. Im Gegensatz zu kategorischen Indices wie dem Shannon-Wiener-Index können die Durchmischungsprozente die räumlichen Verhältnisse widerspiegeln. Die Skala der Indices reicht von 0 % bei Merkmalsgleichheit bis 100 % bei absoluter Differenz zu direkten Nachbarn. Laut von Gadow seien „die Werte nur vergleichbar zwischen Beständen mit gleichen Mischungsanteilen" (v. Gadow, 1993, S. 606), weshalb sich die Indices nur bedingt zur Anwendung bei Zeitreihen unter Veränderung der Basisparameter eignet.

Baummikrohabitate sowie die Quantität und Qualität von Totholz haben als Lebensstätte gleichermaßen Einfluss auf die faunistische Biodiversität von Waldökosystemen (Drenckhahn et al., 2020, S. 29). In Bezug auf die Entwicklung klimaresilienter Wälder erscheint hingegen die Biodiversität der Flora maßgeblich. Die Zusammensetzung der Fauna wird bei dieser Untersuchung nicht berücksichtigt, hier besteht weiteres Forschungspotenzial.

5.1.2 Aufnahmemethoden

Flächengröße

Die Aufnahme der Bestandesparameter erfolgt auf der gesamten Bestandesfläche als Stichprobeninventur in Form einer Winkelzählprobe (WZP) nach Bitterlich (Nicke & Schlehahn, 2018a, S. 48 ff.). Zur Simulation werden daraus hergeleitete Hektarwerte herangezogen. Da der Flächenbezug identisch mit den Daten der bestandesweisen Forsteinrichtung (vgl. Anhänge 1 bis 3) ist, muss die Flächengröße nicht vor Ort ermittelt werden.

Alter

Das Alter der Baumarten in Jahren (a) wird der Forsteinrichtung entnommen, zuzüglich der vergangenen Jahre seit dem Stichtag der Forsteinrichtung. In der Forsteinrichtung nicht aufgeführte Baumarten werden gutachterlich mithilfe der Ertragstafeln anhand der Baumhöhe in Bezug auf den Standort eingeschätzt.

Brusthöhendurchmesser

Die Aufnahme der BHD erfolgt mithilfe eines forstüblichen Umfangmaßbandes mit Durchmessermaß. Die Werte werden mathematisch auf ganze Zentimeter gerundet. Die BHD werden für den stärksten sowie für den Stamm mit der mittleren Kreisfläche an jedem Stichprobenpunkt gemessen. Die Ermittlung des h_g und des maximalen Durchmessers (d_{max}) erfolgt gutachterlich unter Beachtung des übrigen Baumbestandes.

Baumhöhe

Die Baumhöhe des Kreisflächenmittelstammes (h_g) sowie des Oberhöhenstammes werden mit dem Baumhöhenmesser „Vertex" der Firma Haglöf gemessen. Der Baumhöhenmesser wird nach Herstelleranweisung verwendet. Baumhöhen werden auf Dezimeter gerundet. Die Festlegung der Stichprobenstämme erfolgt gutachterlich unter Beachtung des umliegenden Baumbestandes.

Grundfläche

Die Grundfläche (G) wird schicht- und baumartengetrennt in Form einer WZP ermittelt. Dazu wird ein Bitterlichstab mit dem Zählfaktor 1 verwendet. Die Anzahl der Stichprobenpunkte richtet sich nach Gehölzart, Kronenschlussgrad und Nutzungsart (Nicke & Schlehahn, 2018a, S. 51). Gehölzart und Kronenschlussgrad werden auf der Fläche festgestellt. Als Nutzungsart wird eine Endnutzung unterstellt, da hierbei eine größere Stichprobe aufgenommen wird.

Stammzahl

Baumarten-Minderheiten mit sehr geringer Abundanz werden im Simulator stammweise erzeugt. Dazu wird, neben dem genauen Durchmesser und der Baumhöhe, die Stammzahl herangezogen. Die Stammzahl wird auf der gesamten Bestandesfläche gezählt und die Anzahl pro Hektar berechnet. Es wird mindestens ein Baum pro Hektar erzeugt. Durchmesser und Höhe werden stichprobenartig gemessen, im Simulator wird der arithmetische Mittelwert verwendet. Ist die Durchmesser- und Höhenverteilung inhomogen, werden die Stückzahlen (N) je Wuchsklasse ermittelt und generiert.

Bonität

Die Bonität der Baumarten (BA) wird über die Oberhöhe bestimmt, die aus den Stichprobenpunkten je Baumart arithmetisch gemittelt wird. Dazu werden einschlägige Ertragstafeln mit Bonitätsfächern herangezogen (Nicke, 1997). Ist das Alter der Baumart zu gering, um in den Ertragstafeln abgebildet zu werden, wird die Baumhöhe linear extrapoliert. Alternativ wird die Bonität der Baumart auf vergleichbaren Standorten aus der Forsteinrichtung herangezogen (Nicke & Schlehahn, 2018b, S. 46). Im Simulator wird die absolute Mittelhöhenbonität (Mittelhöhe im Alter von 100 Jahren) verwendet.

Deckungsgrad

In der Verjüngungsschicht wird der Deckungsgrad der Baumarten anstelle der Grundfläche ermittelt. Der Deckungsgrad beschreibt die Kronenschirmfläche der Baumart im Verhältnis zur Bestandesfläche. Das Verhältnis wird gutachterlich an jedem Stichprobenpunkt angeschätzt und in Prozent angegeben. Der höchstmögliche Deckungsgrad aller Baumarten addiert liegt bei 100 %. Es können Deckungsgrade unter 100 % auftreten, wenn nicht die gesamte Fläche überschirmt ist (Dierschke, 1994, S. 168 ff.).

Mischungsform

Die Verteilung von Mischbaumarten wird anhand von Mischungsformen klassifiziert. Dabei werden folgende Mischungsformen unterschieden:

- Einzelstammweise: Gleichmäßige Verteilung auf der Fläche
- Truppweise: Mischbaumarten auf Gruppen bis 15 m Durchmesser konzentriert
- Gruppweise: Mischbaumarten auf Gruppen bis 30 m Durchmesser konzentriert
- Horstweise: Mischbaumarten auf Gruppen bis 60 m Durchmesser konzentriert

Der Durchmesser der Baumgruppen wird mittels Rollmaßband gemessen. Ist die Ausdehnung größer als 60 m, wird eine einzelstammweise Mischung angenommen.

Feinerschließung

Sind Rückegassen ohne Baumbewuchs vorhanden, werden die Gassenbreite und der Gassenabstand mit einem Rollmaßband vermessen. Die Vermessung erfolgt im rechten Winkel zur Rückerichtung. Es erfolgen wiederholte Messungen an den Probepunkten der WZP. Die gemessenen Werte werden arithmetisch gemittelt und auf Meter gerundet. Bei Bestandesschichten mit einem Durchmesser, der eine WZP zulässt, werden Rückegassen nicht zusätzlich im Simulationsprogramm angelegt, da die Gassen im Deckungsgrad der WZP berücksichtigt sind.

5.2 Beispielbetrieb (anonym)

5.2.1 Betriebsportrait

Der private Forstbetrieb besitzt Waldflächen mit einer Gesamtgröße von ca. 2.500 ha, aufgeteilt auf drei Forstreviere. Das betrachtete Revier umfasst davon knapp 1.300 ha Wald im Westmünsterland, einem Wuchsbezirk des Wuchsgebiets Westfälische Bucht. Alle Flächen befinden sich in Privatbesitz und werden gewinnbringend bewirtschaftet. Die drei

Forstreviere werden durch einen angestellten Forstverwalter betreut. Aufgrund der räumlichen Entfernung zum Sitz der Verwaltung ist in zwei Revieren je ein Forstwirt anteilig in administrative Aufgaben eingebunden. Im Untersuchungsrevier sind zudem zwei Forstwirte sowie ein Altgeselle beschäftigt. Der Holzeinschlag wird zum Großteil von Dienstleistungsunternehmen durchgeführt, sonstige Forstarbeiten sowie Teile der Holzernte von den angestellten Forstwirten unter Einsatz betriebseigener Forstmaschinen.

Das Wuchsgebiet Westfälische Bucht ist geprägt von atlantischem bis subatlantischem Klima. Das Gebiet weist mittlere Jahresniederschläge von 650 bis 950 mm/Jahr bei Jahresmitteltemperaturen von 7,5 bis 10,5 °C auf. Die jährliche Vegetationsperiode dauert 150 bis 190 Tage an (Wald & Holz NRW, 2023, S. 1). Die Standorte des Westmünsterlandes sind geprägt von weitgehend nährstoffarmen, sandigen Substraten der Oberkreide (Busch, o. J., S. 7). Typische Bodentypen sind basenarme Braunerden, mehr oder weniger podsoliert bzw. pseudovergleyt. Bei Grundwassereinfluss sind Gleye und Auenböden ausgeprägt. Durch in der Vergangenheit praktizierte Plaggendüngung haben sich zudem lokal Eschböden herausgebildet, welche nochmals geringere Nährstoffverfügbarkeit aufweisen (ebd.). Der Wuchsbezirk ist vornehmlich von Eichenwaldgesellschaften neben Kiefernaufforstungen und azonaler Vegetation geprägt (ebd.).

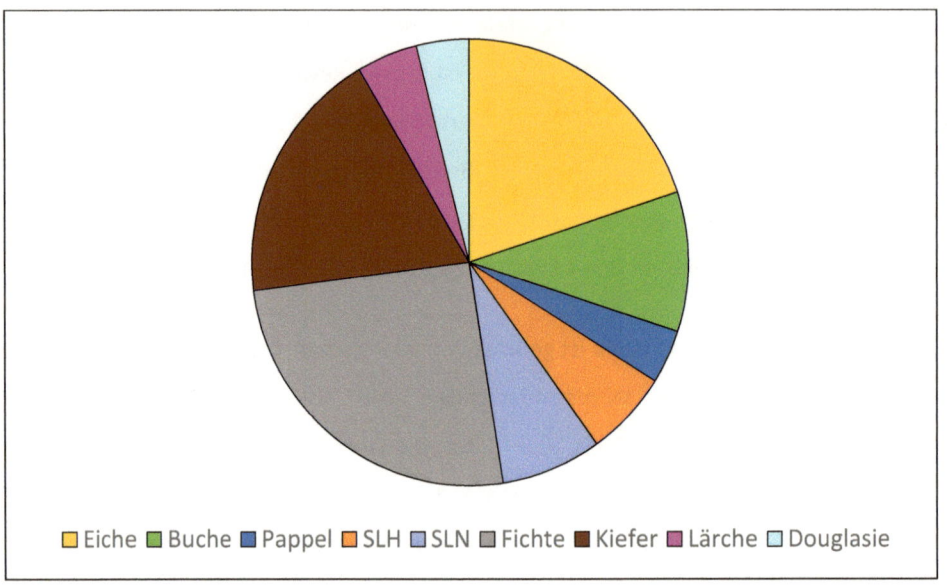

Abbildung 4: Baumartenverteilung des Beispielbetriebs nach Baumartengruppen im Untersuchungsrevier zum Stichtag 01.01.2020 (eigene Darstellung nach AVH-Forst, 2020)

Bedingt durch die räumliche Nähe des Forstbetriebs zum Ruhrgebiet ist historisch der Anbau von Kiefernholz auf ehemaligen Heideflächen für den Kohleabbau die vorherrschende Waldnutzungsform (Gauer & Aldinger, 2005, zit. n. Busch, o. J., S. 7). Auf vielen Flächen des Betriebes ist die Kiefer reliktartig im Schirm- oder Überhaltbetrieb vorhanden. Aufgrund ihrer mäßigen Wüchsigkeit und Qualität sind die Kiefern-Reinbestände sukzessive zu produktiven Mischbeständen umgebaut. Die heutige Baumartenverteilung stellt sich gemäß Abbildung 4 dar. Auffällig ist die vielfältige Baumartenmischung, es sind etwa 70 verschiedene Baumarten vertreten. Insbesondere Baumarten wie Douglasie, Hemlocktanne, Roteiche und Schwarzkiefer sind regelmäßig in 30-jährige Fichtenbestände eingemischt oder als Hauptbaumart vertreten. Als schnellwachsende Baumart spielt auch die Pappel aus Naturverjüngung oder Stecklingsvermehrung eine bedeutende Rolle bei der Baumartenzusammensetzung. Aus früheren Anbauversuchen haben sich Nachkommen von Hybridpappeln durchgesetzt und bilden einen großen Teil der Pappelpopulation. Daneben sind Laubholz-Mischbestände der VI. Altersklasse und höher zu finden (vgl. Abbildung 5). Auf den kleinflächig ausgeprägten Standorten mit Stau- oder Grundwassereinfluss stocken weitgehend natürliche azonale Waldbestände, in der Regel mit der Erle als Hauptbaumart.

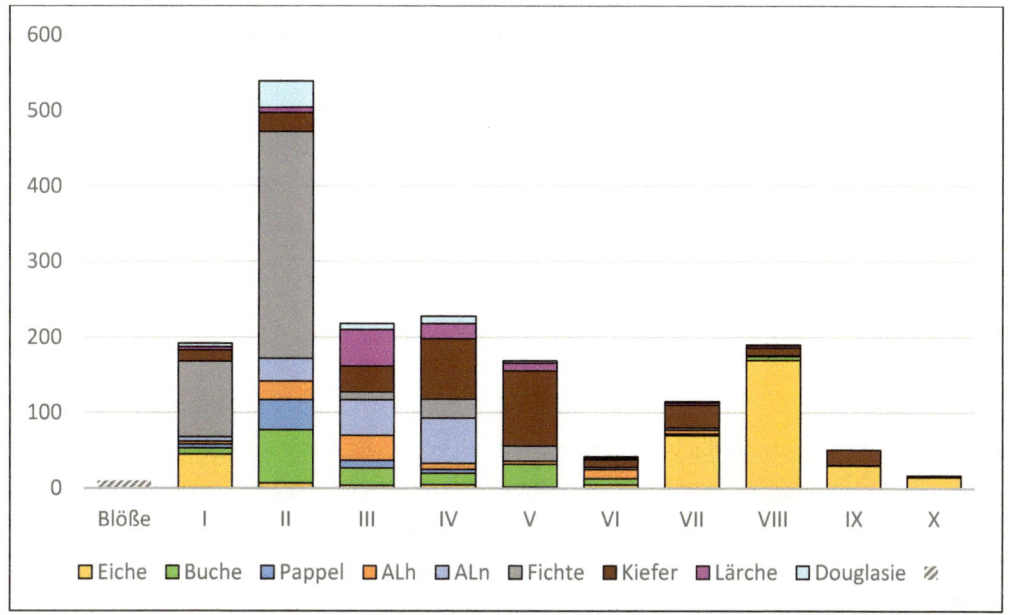

Abbildung 5: Altersklassenverteilung des Beispielbetriebs nach Baumartengruppen im Untersuchungsrevier zum Stichtag 01.01.2020 (eigene Darstellung nach AVH-Forst, 2020)

Der durchschnittliche Derbholzzuwachs in Vorratsfestmetern (Vfm) des Reviers liegt bei 10,5 Vfm/ha/Jahr mit einem mittleren Vorrat von 250 Vfm/ha (AVH Forst, 2020). Der Zuwachs liegt damit geringfügig über dem des Wuchsgebietes, der Vorrat im Mittel 28 Vfm/ha darunter (Wald & Holz NRW, 2023, S. 1). Im Vergleich mit der Baumartenzusammensetzung des Wuchsbezirks nach Busch (o. J., S. 7) ist im Betrieb ein höherer Nadelholzanteil ersichtlich, wobei der Anteil der Kiefer zugunsten der Fichte verringert ist.

Infolge der Trockenjahre seit 2018 treten im Betrieb vermehrt kalamitätsbedingte Freiflächen auf. Diese sollen laut dem Waldeigentümer aus betriebswirtschaftlichen Gründen zeitnah wiederbewaldet werden. Dazu setze der Betrieb zum Großteil auf Pflanzungen mit Beteiligung aufkommender Naturverjüngung. Die Baumartenmischung bei Pflanzungen setze sich in der Regel aus der Fichte mit reihenweise eingebrachten Mischbaumarten wie Buche, Eiche oder Douglasie zusammen. Auch Bestände mit Hemlocktanne oder Schwarzkiefer als Hauptbaumart werden in größerem Umfang angelegt. In Hinblick auf die bedingte Klimaresilienz der Fichte werde der Fichtenanteil durch Kunstverjüngung sukzessive reduziert. Es werde eine langfristig wirtschaftliche und klimastabile Baumartenmischung mit höherer Beteiligung von Laubholz angestrebt. Insbesondere die Anlage eichendominierter Kulturflächen sei beabsichtigt. Unter anderem werde Pflanzmaterial aus betriebseigenen anerkannten Saatgutbeständen der Slawonischen Eiche verwendet.

5.2.2 Betriebliche Zielsetzung und Kriterien zur Flächenauswahl

Der Betrieb verfolgt durch die Waldbewirtschaftung vorrangig ökonomische Ziele. Einerseits sollen die holzerntekostenfreien Erlöse forstwirtschaftlicher Eingriffe durchweg positiv ausfallen. Andererseits soll Kapital eingesetzt und langfristig durch Wertsteigerung der Waldbestände gemehrt werden. Zur Sicherung der Langfristigkeit forstlicher Produktion für Folgegenerationen sind zudem Ziele wie der Erhalt der Produktivität des Standortes und die Stabilität der Waldbestände gesetzt.

Vorrangiger Grundsatz der Waldbewirtschaftung des Waldeigentümers ist eine hohe Wertschöpfung durch Produktion und Vermarktung hochqualitativen Holzes. Angestrebt wird ein überdurchschnittlich hoher Holzverkaufspreis in Erntebeständen. Dazu werden umfangreich Z-Bäume über alle Baumarten hinweg geastet, insbesondere wenn eine natürliche Astreinigung nicht zu erwarten ist, z. B. in ungleichaltrigen, lockeren Beständen. Zudem wird bewusst marktuntypisch investiert. Es werden zur Sicherung der Nachfrage unkonventionelle Investitionen in bspw. (Hoch-) Astung und fremdländische Baumarten vorgenommen. Der Betrieb erwartet, im langfristigen Rahmen forstlicher Produktion kleine

Marktnischen mit erhöhter Nachfrage bedienen zu können. Flächenausweisungen, deren Effekte eine erhebliche Einschränkung der Grundsätze der forstlichen Bewirtschaftung bewirken, sind aus betrieblicher Sicht ausgeschlossen.

Die Flächenausweisung zur natürlichen Waldentwicklung wird vom Waldeigentümer getroffen. Dieser wählt Flächen erwartungsgemäß nach den betrieblichen Interessen und Zielsetzungen aus. Da der Beispielbetrieb vorrangig im Wesentlichen wirtschaftlich ausgerichtet ist, werden die Flächen so gewählt, dass möglichst geringe Mindererlöse zu erwarten sind. Dazu kommen aus betrieblicher Sicht Flächen mit geringem Holz- oder Wertzuwachs im Zuwendungszeitraum oder verhältnismäßig hohen Holzerntekosten (HEK) infrage. Waldbestände, welche eine Wertminderung im Zuwendungszeitraum erwarten lassen, einen hohen Kapitaleinsatz erfordert haben oder große Kapitalmengen für die Dauer der Verpflichtung binden, sind ungeeignet. Flächen, die bereits einer vollständigen Nutzungsbeschränkung unterliegen, sind nicht förderfähig. Der Betrieb muss im Rahmen der Förderrichtlinie etwa 125 ha zur natürlichen Waldentwicklung ausweisen. Die Untersuchungen beschränken sich auf repräsentative Beispielflächen, welche simuliert werden. Zur Erreichung der notwendigen Flächengröße werden ähnliche Flächen ausgewiesen, welche eine weitgehend analoge Entwicklung vermuten lassen und aufgrund des Arbeitsumfangs nicht einzeln simuliert werden.

5.2.3 Methode der prognostischen Kosten-Leistungs-Rechnung

Zur Berechnung der Mindererlöse durch die Nicht-Bewirtschaftung von Waldflächen wird eine prognostische Kosten-Leistungs-Rechnung durchgeführt. Der potenzielle Erlös zuwachsenden Holzes bei regelmäßiger Bewirtschaftung abzüglich theoretischer Holzernte- und Verwaltungskosten (VwK) stellt den möglichen Gesamtertrag der Fläche für den Betrieb dar. Ist der potenzielle Flächenertrag geringer als die anteilige Fördersumme für die Fläche, ist die Flächenausweisung aus betriebswirtschaftlicher Sicht sinnvoll. Im Rahmen dieser Arbeit werden betriebswirtschaftlich nachteilige Flächenausweisungen nicht berücksichtigt (TMLNU, FH Erfurt, 2008).

Das zuwachsende Derbholz der ersten zehn Jahre des Förderzeitraums ergeben sich aus der Forsteinrichtung. Der Zuwachs je Baumart ist in der Forsteinrichtung in Erntefestmetern (Efm) je Hektar angegeben. Für die Jahre 11 bis 20 wird der Zuwachs aus den Ertragstafeln baumartengetrennt hergeleitet. Grundlage ist die Bonität der Baumart sowie das fortgeschriebene Alter. Der Ertragstafelzuwachs in Vfm/ha wird mit dem pauschalen Umrechnungsfaktor 0,8 in Efm/ha umgerechnet. Außerdem wird der Zuwachs mit den bestockungsgradabhängigen Zuwachsreduktionsfaktoren (ZRF, Anhang 7) der Baumart auf Grundlage der Ertragstafeldaten multipliziert. Der Zuwachs je Baumart wird mit dem Anteil der Baumart an der Gesamtfläche multipliziert (Nicke & Schlehahn, 2018b, S. 41 ff.).

Die potenzielle Nutzungsmenge der Bestände ist von der Nutzungsart abhängig. Erntereife Bestände ab einem Alter von 120 Jahren werden zur Verjüngung auf einen Ziel-Volumenschlussgrad (VS°) von 0,5 abgesenkt. Die maximale Nutzungsmenge im Jahrzehnt ist aufgrund der Bestandesstabilität auf 100 Efm/ha begrenzt. Bei Altdurchforstungen (Df) ab einem Alter von 80 Jahren wird der Zuwachs abgeschöpft. Zum Vorratsaufbau wird in Jungdurchforstungen (JDf) 80 % des Zuwachses genutzt. Fällt bei einer Jungwuchspflege (JPf) Derbholz an, wird bis zu einem Viertel des Zuwachses vermarktet (Nicke & Schlehahn, 2018b, S. 60 ff.).

Die Absatzplanung wird auf Grundlage von Bestandessortentafeln (BST) vorgenommen (Schöpfer & Dauber, 1989). Die Eingriffe werden jeweils zur Mitte der Zuwendungszeiträume geplant (Jahre 5 und 15). Je Baumart werden Altersdurchschnittszuwächse bei unterstelltem linearem Wachstum auf den BHD angerechnet. Bei einem Alter unter 15 Jahren wird ggf. der extrapolierte d_g der Ertragstafel verwendet. Das gesamte anfallende Stammholz wird dem Leitsortiment der BST angerechnet. Die BST können unterhalb der angegebenen BHD extrapoliert werden. Holzverkaufspreise ergeben sich aus dem Thüringer Mindestpreiserlass (ThüringenForst AöR, 2023a). Die festgelegten Holzpreise gelten nicht verbindlich, werden für diese Untersuchungen aber als Richtwerte herangezogen. Sortimente ohne Preisangabe werden unter Beachtung vergleichbarer Sortimente gutachterlich eingeschätzt. Baumartenzuordnungen erfolgen nach Anhang 8.

Zur Berechnung der HEK werden Durchschnittswerte für Unternehmerleistungen des Jahres 2022 (ThüringenForst AöR, 2023b) herangezogen. Das Arbeitsverfahren wird auf Grundlage der Verfahrensübersicht „DVD Holzernte in steilen und mittelsteilen Hanglagen" (TMLNU, FH Erfurt, 2008) festgelegt. Zusätzlich zu den Kosten der Holzernte fallen Verwaltungskosten an. Diese umfassen die Auszeichnung, Unternehmereinweisung, Kontrollgänge und ähnliches durch den Forstverwalter. Verwaltungskosten werden hier pauschal mit 20 % der HEK berechnet.

Die Zuwendung entspricht der Gesamtfördersumme aus den akkumulierten Beihilfen für Mindererträge aus allen zwölf Kriterien. Für die Berechnung der Deckungssumme für Mindererträge aus einem separaten Kriterium ist die Herleitung der finanziellen Gewichtung notwendig. Einen Anhaltspunkt für die finanzielle Gewichtung einzelner Kriterien geben die jeweiligen Kürzungsbeträge bei Nichterfüllung oder Doppelförderung (FNR, 2023a). Für das zwölfte Kriterium ist die Kürzung nicht statisch, sondern hängt von der zuvor geförderten Fläche ab (ebd., S. 7). Stattdessen ist die Herleitung der Einzelfördersumme für den ersten Teil des Zuwendungszeitraums mithilfe der Zuwendungsdifferenz zwischen der Erfüllung und Nichterfüllung des Kriteriums möglich. Die Summe wird zudem durch den Quotient 0,05 von der Gesamtbetriebsfläche auf die tatsächliche Fläche mit natürlicher Waldentwicklung heruntergerechnet. Da die Fördersumme bei Eigentümern großer Waldflächen sukzessive sinkt, ist zur betriebsgerechten Herleitung der Einzelfördersumme zudem die Reduktion des Fördersatzes zu berücksichtigen (BMEL, 2022, S. 3). Der Anteil des Einzelkriteriums an der Gesamtfördersumme von 15 % wird auch für die reduzierten Förderbeiträge angenommen.

Die betriebsspezifische Fördersumme von 207 €/ha/a für Flächen mit natürlicher Waldentwicklung ergibt sich somit aus Formel 1.

Formel 1: Individuelle Zuwendungshöhe pro Hektar mit natürlicher Waldentwicklung des Beispielbetriebs

$$\frac{500 \; ha \times (100 \; € \; \times 15\,\%) + 500 \; ha \; \times (80 \; € \; \times 15\,\%) + 1.500 \; ha \; \times (55 \; € \; \times 15\,\%)}{2.500 \; ha \; \times 5\,\%}$$

Die Fördersumme des zweiten Teils der Bindefrist wird ausschließlich für Flächen mit natürlicher Waldentwicklung gewährt und entspricht somit der Fördersumme für das Einzelkriterium von 100 €/ha/a (BMEL, 2022, S. 3).

6 Ergebnisse

6.1 Betriebliche Umsetzung

Auf Grundlage der prognostischen Kosten-Leistungs-Rechnung werden drei Flächentypen bestimmt, die für eine Ausweisung zur natürlichen Waldentwicklung aus betrieblicher Sicht geeignet sind. Darunter fallen standortbedingt vernässte Erlenbruchwälder sowie Flächen im Kultur- bzw. Jungwuchsstadium.

6.1.1 Flächentyp Erlenbruchwald

Das Untersuchungsrevier ist kleinstandörtlich von sumpfig-anmoorigen Erlenbrüchen durchsetzt. Aufgrund der Bodenverhältnisse sind die Holzerntemöglichkeiten begrenzt. Die kostengünstigste Variante zur vollflächigen Holzernte stellt der Einsatz eines Gebirgsharvesters dar (ThüringenForst AöR, 2023b). Bei einem vergleichsweise geringen Zuwachs von 4,4 Efm/ha/a (AVH Forst, 2020) liegen die zu erwartenden Umsätze unter denen anderer Waldflächen des Betriebs.

Als repräsentative Beispielfläche dient der Bestand 63 d^1, der in einer stauwasserbeeinflussten Niederung stockt. Bei diesem handelt es sich um einen zweischichtigen Roterlen-Reinbestand im Alter von 63 Jahren. Die Erlen sind mäßig wüchsig, entsprechen der Wuchsklasse schwaches bis mittleres Baumholz und weisen schlechte bis mittlere Qualitäten auf. Im Oberstand sind am Nordrand außerdem Ahorne im schwachen Baumholz zu finden. Der Oberstand steht geschlossen bis gedrängt. Der lockere Unterstand wird von vegetativer Erlenverjüngung, Buchen und Pappeln im Stangenholz bis schwachem Baumholz gebildet. Diese sind trupp- bis gruppartig verteilt und stammen aus Naturverjüngung. Der Bestand ist nicht erschlossen. Es sind im Oberstand Z-Bäume sowie einige Bedränger gekennzeichnet, ein Pflegeeingriff ist dringlich. Der Bestand wurde bisher nie vollflächig durchforstet. Besondere verkehrssicherungstechnische Erfordernisse sind nicht ersichtlich. Der Bestand liegt in einem Naturschutzgebiet ohne besondere Nutzungsbeschränkung und entspricht dem gesetzlich geschützten Biotop „Bruch- Sumpf und Auewälder" gem. § 30 BNatSchG (LANUV NRW, 2019, S. 229).

Der Schutzstatus ist bei der Simulation insofern zu berücksichtigen, dass das Biotop nicht zerstört oder beeinträchtigt werden darf. Dies kann auch durch Unterlassen im Zuge natürlicher Prozesse geschehen. Mit einem Verlust des LRT-Status ist zu rechnen, wenn der Anteil nicht-lebensraumtypischer Baum- und Straucharten auf 30 % oder höher steigt. In der Krautschicht führen Anstiege von Störzeigern auf 50 % oder das Absinken diagnostisch relevanter krautiger Arten unter 1 % Deckungsgrad zum Verlust des LRT-Status (LANUV NRW, 2019, S. 229 ff.). Vor Eintritt eines Tatbestandes, welcher zum Verlust des LRT-Status führt, sind naturschutzfachliche Pflegemaßnahmen durchzuführen.

Die prognostische Kosten-Leistungs-Rechnung ergibt für die nächsten zehn Jahre einen potenziellen Deckungsbeitrag (DB) von 88,05 €/ha/a. In diesem Zeitraum wird laut Forsteinrichtung mit einer Eingriffsstärke von 35,2 Efm/ha in die Baumart Rot-Erle eingegriffen (AVH Forst, 2020). Im Zeitraum von 11 bis 20 Jahren wird geringfügig stärker eingegriffen, über alle Haupt- und Mischbaumarten hinweg. Der DB dieses Zeitraums liegt bei 99,50 €/ha/a. Dem durchschnittlichen Holzverkaufserlös von 80,25 €/Efm stehen HEK in Höhe von 42,09 €/Efm entgegen. Die Holzernte kann aufgrund der ganzjährig nassen Standortverhältnisse nicht mit bodenläufigen Maschinen durchgeführt werden. Die kostengünstigste Variante stellt hier der Gebirgsharvester mit schwerkraftunabhängigem Laufwagen dar (ThüringenForst AöR, 2023b). Die Flächenförderung verschafft dem Betrieb im Vergleich zur regulären Flächenbewirtschaftung einen finanziellen Vorteil zum Ende des Zuwendungszeitraums von 1.194,50 € (Zinseffekte unbeachtet) pro Hektar Wald mit natürlicher Waldentwicklung i.S.d. Förderrichtlinie (vgl. Anhang 8).

6.1.2 Flächentyp Eichen-Mischkultur

Neben Flächen mit hohem finanziellen Holzernteaufwand bieten sich auch Flächen mit geringem nutzbarem Holzvorrat für eine Ausweisung zur natürlichen Waldentwicklung an. Das sind sowohl Grenzertragsflächen mit marginalem Holzzuwachs auch Bestände unterhalb der nutzbaren Holzdimension. Bestände im Kultur- oder Dickungsstadium können keine kurz- bis mittelfristigen Derbholzerträge bieten. Daher werden Laub- und Nadelholzkulturen des Betriebs für eine Flächenauszeichnung in Betracht gezogen.

Eine für Eichen-Mischkulturen repräsentative Fläche ist der Bestand 79 a2. Die einschichtige, 11-jährige Dickung in Plateaulage wird von einer Mischpflanzung aus Slawonischer Eiche und Stiel-Eiche dominiert. Beide sind gut wüchsig bei einer geringen astfreien Schaftlänge. Bei der Kulturanlage wurden zudem Linde, Hainbuche und Kirsche eingemischt, welche etwas geringere Vitalität aufweisen. Zudem ist 6 bis 10-jährige Naturverjüngung aus Birke, Aspe, Fichte und Kiefer vorhanden. Der Bestand steht geschlossen bis gedrängt. Eine Feinerschließung ist durch ein Rückegassensystem mit 20 m Arbeitsfeldbreite gegeben. Es sind keine Z-Bäume markiert, eine Auswahl erfolgt mit Erreichen einer höheren astfreien Schaftlänge und fortgeschrittener Differenzierung. Besondere verkehrssicherungstechnische Erfordernisse sind nicht ersichtlich.

Die Kultur wurde unter hohem Kapitalaufwand angelegt, mit dem Ziel, qualitativ hochwertiges Eichenholz zu erzeugen. Um Wachstum und Qualität der gepflanzten Eichen zu gewährleisten, führt der Betrieb in der Regel Eingriffe durch Mischungsregulierung und Wertastung durch. Ein Unterlassen von Pflegemaßnahmen könne zu Zuwachsverlusten der Eiche infolge von bedrängenden, betriebswirtschaftlich weniger relevanten Baumarten führen. Auch schlechtere Holzqualitäten durch unterlassene oder zu späte Wertastung wären nicht auszuschließen. Da der Bestand durch Dichtstand und die Dominanz der Eiche zur natürlichen Astreinigung geeignet ist, sei eine Astung zur Wertholzerzeugung laut dem Eigentümer nicht obligatorisch. Zudem sei das Risiko des Ausfalls von Eichen durch Konkurrenzverhältnisse überschaubar. Stattdessen können durch Astreinigung im Zuge der natürlichen Waldentwicklung potenziell Pflegekosten eingespart werden. Es sprechen somit für den Betrieb keine dringenden waldbaulichen Gründe gegen eine Flächenausweisung zur natürlichen Waldentwicklung.

Innerhalb des ersten Teils der Bindefrist ist in diesem Bestand kein Eingriff vorgesehen (AVH Forst, 2020). Die Fläche bringt dementsprechend keine Holzverkaufserlöse ein. Im Zeitraum von 11 bis 20 Jahren wird im Rahmen einer Jungwuchspflege mit Derbholzanfall eingegriffen, über alle Haupt- und Mischbaumarten hinweg. Der DB dieses Zeitraums liegt bei 33,36 €/ha/a. Der durchschnittliche Holzverkaufserlös liegt bei 55,69 €/Efm bei einer Holzmenge von knapp 14 Efm/ha. Die Holzernte kann mit einer Harvester-Forwarder-Kombination durchgeführt werden, wobei die HEK 21,84 €/Efm betragen (ThüringenForst AöR, 2023b). Die Flächenförderung verschafft dem Betrieb im Vergleich zur regulären Flächenbewirtschaftung einen finanziellen Vorteil zum Ende des Zuwendungszeitraums von 2.736,40 € (Zinseffekte unbeachtet) pro Hektar Wald mit natürlicher Waldentwicklung i.S.d. Förderrichtlinie (vgl. Anhang 8).

6.1.3 Flächentyp Fichten-Mischkultur

Eine weitere Form von Kulturflächen, über die der Betrieb in bedeutendem Umfang verfügt, sind Fichten-Mischkulturen. Vorrangig sind darin Mischbaumarten reihenweise in Fichtenpflanzungen eingebracht. Häufig verwendete Mischbaumarten sind Douglasie, Buche oder Eiche. Auch diese Kulturflächen stellen mittelfristig keine nennenswerten Derbholzerträge in Aussicht.

Der Bestand 51 c[4] wird als repräsentative Untersuchungsfläche gewählt. Hier sind Douglasien reihenweise zwischen jeweils zwei Reihen Fichte eingemischt. Der Bestand ist acht Jahre alt, gut wüchsig und hat noch keinen Kronenschluss erreicht. Aus Naturverjüngung sind flächig

Birke und Kiefer beigemischt. Diese sind etwa fünf Jahre jünger als der Hauptbestand. Es ist keine Feinerschließung angelegt. Z-Bäume sind nicht markiert und Pflegeeingriffe nicht dringlich. Es sind vermehrt Wildschäden, sowohl Verbiss und Fegeschäden als auch Schälschäden, zu beobachten. An potenziellen Z-Bäumen unter den Douglasien sind Schälschutzgitter angebracht. Besondere verkehrssicherungstechnische Erfordernisse sind nicht ersichtlich.

Analog zu den Laubholzkulturen muss im Zuge der natürlichen Waldentwicklung auf werterhaltende und -steigernde Eingriffe verzichtet werden. Bei totasterhaltenden Baumarten wie Fichte und Douglasie ist natürliche Astreinigung nicht restlos möglich. Aufgrund der Klimaprädisposition der Fichte werde im Betrieb ohnehin keine Fichtenwertastung durchgeführt. Die Douglasien werden im Regelbetrieb ab dem schwachen Baumholz geastet. Vor Ablauf der Bindefrist (20 Jahre) können die Douglasien die Wuchsklasse bereits erreichen (vgl. Nicke, 1997, S. 158 ff.). Laut dem Eigentümer sei ein Aufschub der Wertastung nach den Zuwendungszeitraum in Anbetracht des hohen Maximaldurchmessers der Douglasie betriebswirtschaftlich wenig bedenklich. Bei Kronenschluss des Bestandes bilde sich zudem ein Totastbereich im astungswürdigen Stammabschnitt, welcher keine Holzentwertung durch Starkäste erwarten lasse. Es sprechen somit keine dringenden waldbaulichen Gründe des Forstbetriebs gegen eine Flächenausweisung zur natürlichen Waldentwicklung.

Innerhalb des ersten Teils der Bindefrist ist in diesem Bestand kein Eingriff vorgesehen (AVH Forst, 2020). Die Fläche bringt dementsprechend keine Holzverkaufserlöse ein. Im Zeitraum von 11 bis 20 Jahren wird im Rahmen einer Jungwuchspflege mit Derbholzanfall eingegriffen, über alle Haupt- und Mischbaumarten hinweg. Der DB dieses Zeitraums liegt bei 30,98 €/ha/a. Der durchschnittliche Holzverkaufserlös liegt bei 69,46 €/Efm bei einer Holzmenge unter 9 Efm/ha. Die Holzernte kann mit einer Harvester-Forwarder-Kombination durchgeführt werden, wobei die HEK 21,84 €/Efm betragen (ThüringenForst AöR, 2023b). Die

Flächenförderung verschafft dem Betrieb im Vergleich zur regulären Flächenbewirtschaftung einen finanziellen Vorteil zum Ende des Zuwendungszeitraums von 2.760,20 € (Zinseffekte unbeachtet) pro Hektar Wald mit natürlicher Waldentwicklung i.S.d. Förderrichtlinie (vgl. Anhang 8).

Abbildung 6 zeigt die jährlichen Ertragsstruktur der Untersuchungsflächen je Abschnitt der Bindefrist im Verhältnis zur Zuwendungssumme.

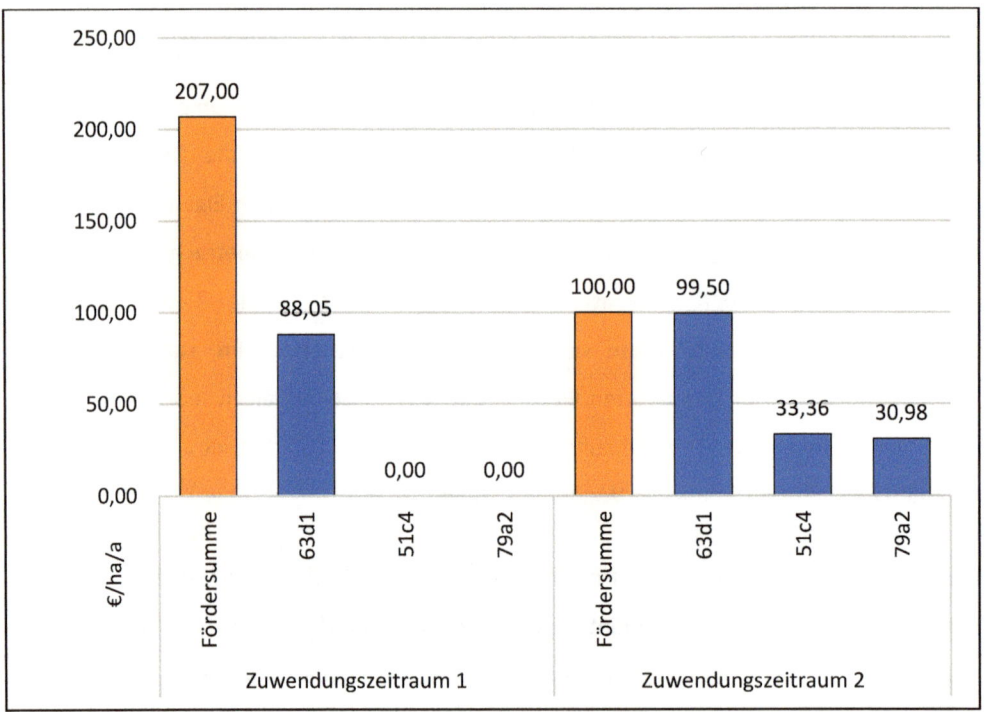

Abbildung 6: Potenzielle Deckungsbeiträge der Flächentypen im Vergleich zur Zuwendungssumme je Hektar (eigene Darstellung)

6.2 Simulationsergebnisse

Die Ergebnisse der Waldwachstumssimulation umfassen ertragskundliche Bestandesdaten sowie Strukturdatentabellen als Indikator für die Entwicklung der Biodiversität. Die Ertragsdaten dienen zudem der Herleitung der Speichermenge von gebundenem Kohlenstoff im Holzvorrat. Anhand grafischer Darstellung der Simulationssoftware können Wuchsdynamiken, Konkurrenzverhältnisse und räumliche Beziehungen abgeleitet werden.

6.2.1 Bestandesdaten

Erlenbruchwald 63 d[1]

Anhand der Bestandesbilder zum Untersuchungszeitpunkt 2024 im Vergleich mit der Simulation zum Jahr 2044 ist eine Veränderung der Schichtigkeit und Baumartenzusammensetzung des Oberstandes zu erkennen (vgl. Abbildung 7, S. 64). Der vorhandene Unterstand wächst sukzessive in das Kronendach ein. Eine Folgeschicht im unterständigen Bestandesbereich etabliert sich nicht, somit ist der Bestand zum Ende des Simulationszeitraums als einschichtig zu bezeichnen.

Die Artenzusammensetzung des Oberstandes vergrößert sich augenscheinlich, da zusätzliche Baumarten des Unterstandes in den weitgehend ungemischten Oberstand einwachsen. Auf den Gesamtbestand bezogen sinkt die Baumartenvielfalt hingegen.

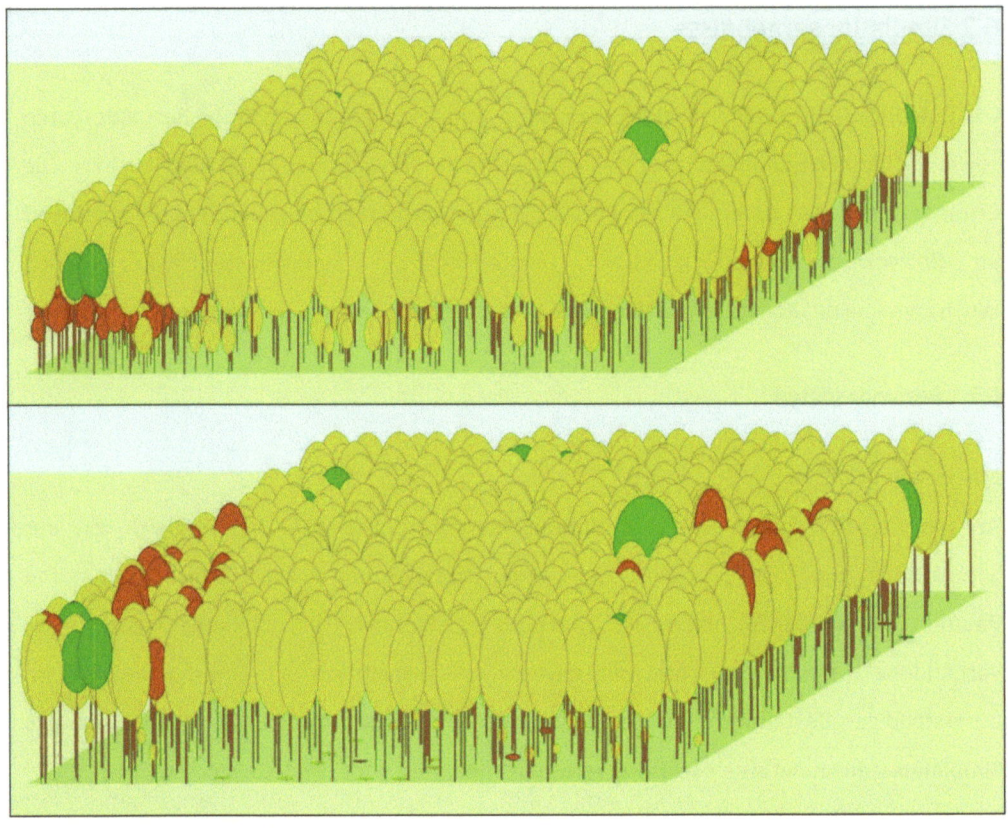

Abbildung 7: Veränderung des äußeren Bestandesbilds im Bestand 63 d[1] durch natürliche Waldentwicklung von 2024 (oben) bis 2044 (unten) (© 2002-2020 NW-FVA)

Zahlenmäßige Veränderungen der Bestandesdaten (vgl. Anhang 4) des Ausgangsszenarios im aleatorischen Vergleich mit dem konkreten Simulationssample 5.5 sind in Tabelle 1 (S. 65) dargestellt. Es ist eine Zunahme des Vorrats sowie der Grundfläche und des darauf basierenden Bestockungsgrades zu erkennen. Die Vorratszunahme von 119 Vfm/ha entspricht mit dem Umrechnungsfaktor (Referenzbaumart Eiche) zur Mitte der Bindefrist von 1,4 einem Kohlenstoffdioxidambivalent von 167 t (Klein & Schulz, 2011, S. 6). Die Stammzahl nimmt um 22 % ab.

Tabelle 1: Vergleich der waldwachstumskundlichen Bestandesdaten des Bestandes 63 d[1] zum Stichtag 01.01.2024 und nach 20-jähriger natürlicher Waldentwicklung anhand des Simulationssamples 5.5

63 d[1]	IST	Sample 5.5	Δ	Δ %
Vorrat in Vfm/ha	319,6	438,9	+ 119,3	+ 37 %
Stammzahl in Stk./ha	703	548	- 155	- 22 %
Grundfläche in m²/ha	30,3	36,8	+ 6,5	+21 %
B°	1,1	1,2	+ 0,1	+ 9 %
Kohlenstoffbindung in t	/	/	+ 167	/

Die Baumartenzusammensetzung verändert sich im Simulationsverlauf geringfügig zugunsten der Hauptbaumart Erle (vgl. Abbildung 8). Während der Anteil des sonstigen Laubholzes hoher Lebensdauer (SLH) um 5 % ansteigt, reduziert sich der Anteil sonstigen Laubholzes niedriger Lebensdauer (SLN) auf 0,2 %.

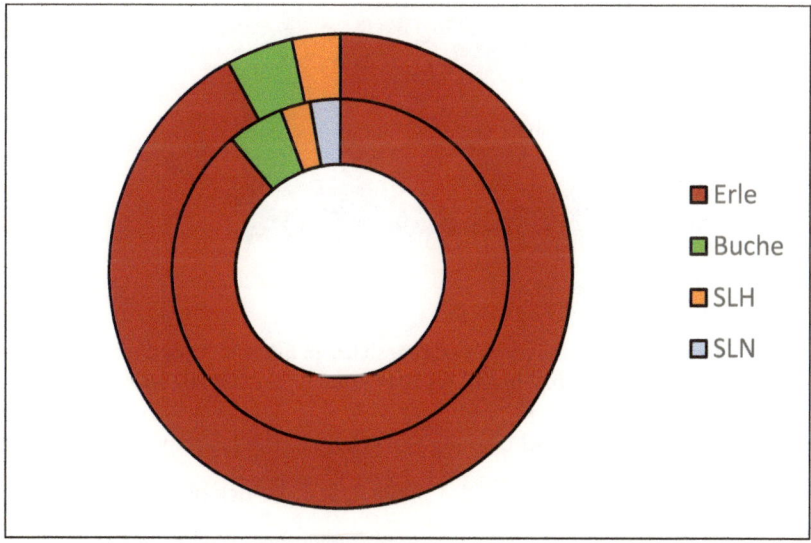

Abbildung 8: Entwicklung der Baumartenmischung nach Baumartengruppen im Oberstand des Bestandes 63 d[1] vom 01.01.2024 (innen) zu 2044 (außen) bei natürlicher Waldentwicklung (eigene Darstellung)

Fichten-Mischkultur 51 c^4

Im Bestandesaufbau der Fläche 51 c^4 ist eine baumartenbedingte Höhendifferenzierung zu beobachten (vgl. Abbildung 9). Ein Großteil der Douglasien weist einen Wuchsvorsprung gegenüber der Fichte auf. Die Birke hält in geringen Teilen mit dem Höhenwachstum der Douglasie mit. Kiefern sind vereinzelt und unterständig zu finden.

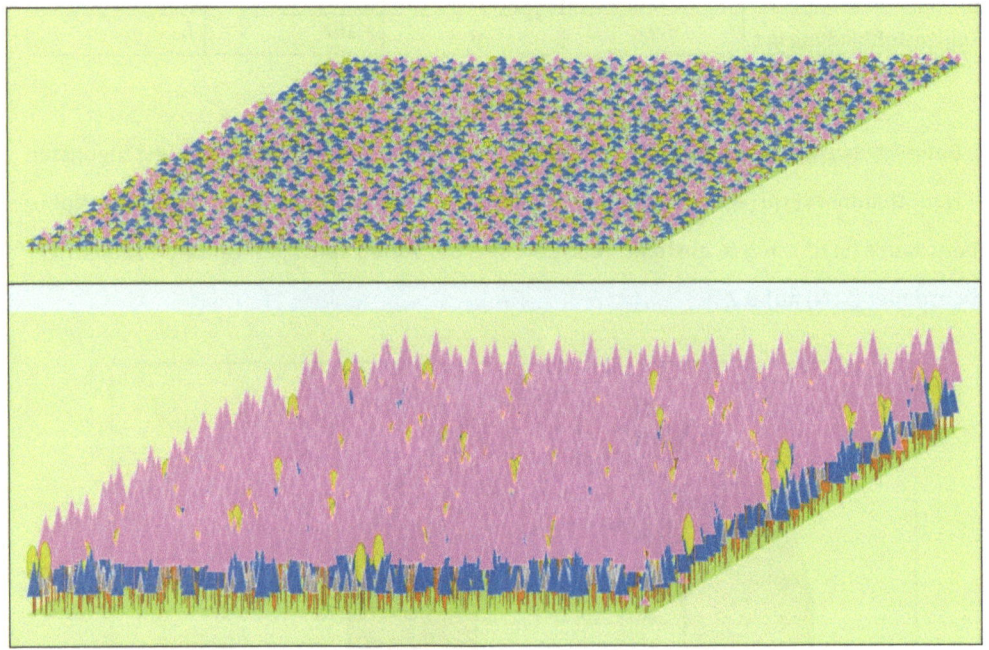

Abbildung 9: Veränderung des äußeren Bestandesbilds im Bestand 51 c4 durch natürliche Waldentwicklung von 2024 (oben) bis 2044 (unten) (© 2002-2020 NW-FVA)

Ein aleatorischer Vergleich zur Quantifizierung der Ertragsdaten (vgl. Anhang 5) wird mit dem Simulationssample 20.3 vorgenommen (vgl. Tabelle 2, S. 67). Auch hier ist eine Zunahme des Vorrats, der Grundfläche und des Bestockungsgrades ersichtlich. Die Vorratszunahme von 112 Vfm/ha entspricht mit dem Umrechnungsfaktor (Referenzbaumart Fichte) zur Mitte der Bindefrist von 1,6 einem Kohlenstoffdioxidambivalent von 178 t (Klein & Schulz, 2011, S. 3). Zu Beginn der Bindefrist werden vom Simulationsprogramm weder ein Derbholzvorrat noch die Grundfläche erfasst. Die Stammzahl ist mit 5.037 Stk./ha die höchste der untersuchten Flächentypen. Die Mortalität in der simulierten Wachstumsphase liegt über 50 %.

Tabelle 2: Vergleich der waldwachstumskundlichen Bestandesdaten des Bestandes 51 c4 zum Stichtag 01.01.2024 und nach 20-jähriger natürlicher Waldentwicklung anhand des Simulationssamples 20.3

51 c⁴	IST	Sample 20.3	Δ
Vorrat in Vfm/ha	/	111,5	+ 111,5
Stammzahl in Stk./ha	5.037	2.177	- 2.860
Grundfläche in m²/ha	/	20,8	+ 6,5
B°	/	0,9	+ 0,9
Kohlenstoffbindung in t	/	/	+ 178

Die Kiefer hat zu Beginn der Simulation 46 % Anteil an der stammzahlmäßigen Baumartenzusammensetzung. Zum Ende der Simulation ist der Anteil auf rd. 1 % verringert. Auch der Anteil der SLN ist rückläufig (vgl. Abbildung 10, S. 68)). Bei der Interpretation der Entwicklung ist zu berücksichtigen, dass die Anteile zu Beginn auf Grundlage der Stammzahl, zum Ende auf Grundlage der Kronenschirmfläche beruhen. Fichte und Douglasie steigen in ihrem Anteil deutlich, wobei die Douglasie von einem ursprünglich geringeren Anteil als die Fichte auf über 60 % der Kronenschirmfläche ansteigt.

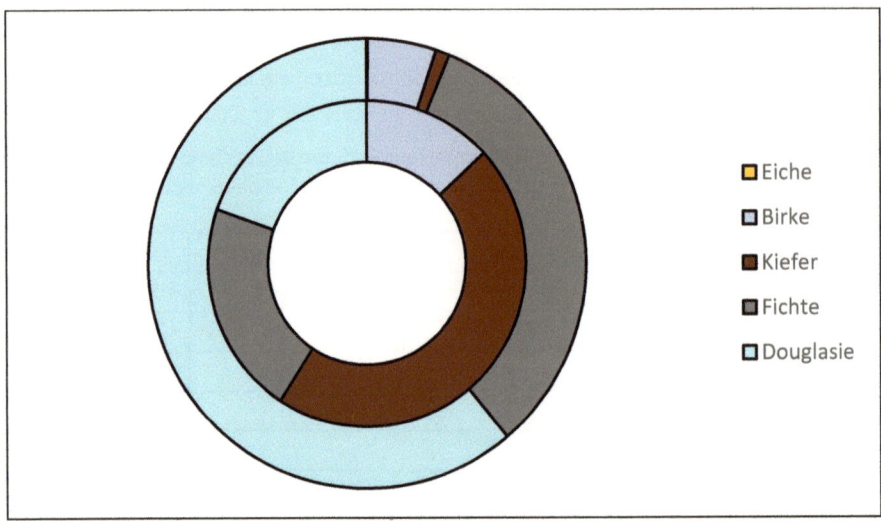

Abbildung 10: Entwicklung der Baumartenmischung nach Baumartengruppen im Oberstand des Bestandes 51 c² vom 01.01.2024 (innen) zu 2044 (außen) bei natürlicher Waldentwicklung (eigene Darstellung)

Eichen-Mischkultur 79 a²

Die herrschende Schicht des Bestandes 79 a² ist zu Simulationsbeginn kaum von Mischbaumarten neben der Eiche beeinflusst. Nach 20 Jahren der natürlichen Waldentwicklung ist eine höhere Baumartenmischung im vorherrschenden Baumbestand festzustellen. Auch eine beherrschte bis unterständige Baumgruppe differenziert sich heraus (vgl. Abbildung 11, S. 69).

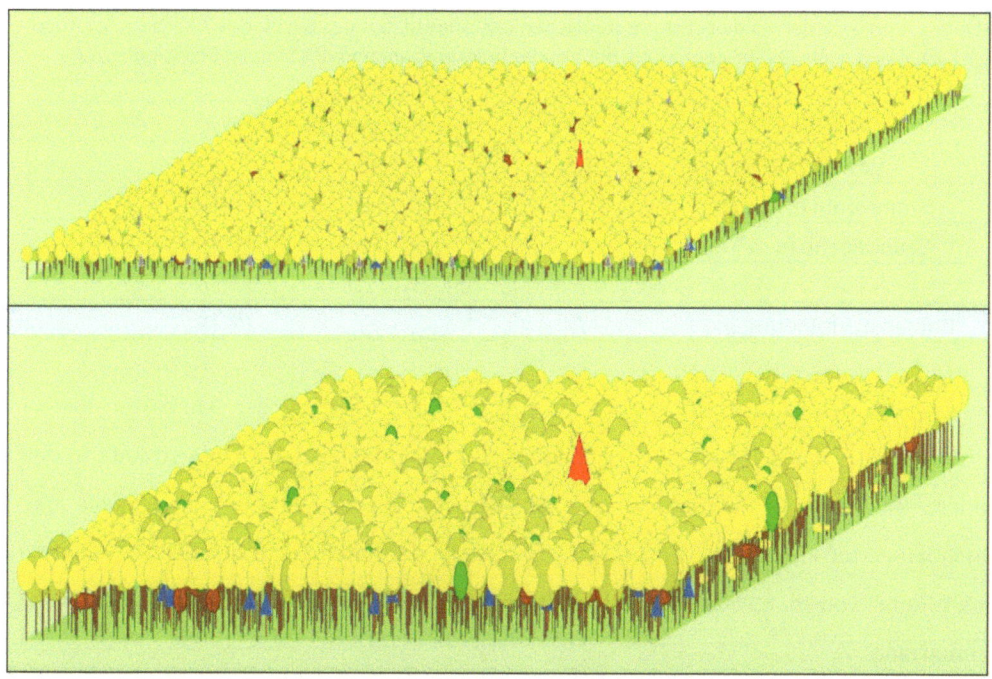

Abbildung 11: Veränderung des äußeren Bestandesbilds im Bestand 79 a² durch natürliche Waldentwicklung von 2024 (oben) bis 2044 (unten) (© 2002-2020 NW-FVA)

Die Kontextualisierung der Ertragsdaten (vgl. Anhang 6) wird erneut in Bezug zu einem aleatorischen Vergleichssample, hier Nummer 5.4, vorgenommen (vgl. Tabelle 3, S. 70). Wie bei den übrigen Flächentypen nehmen Vorrat, Grundfläche und Bestockungsgrad im Zeitverlauf zu. Die Vorratszunahme von 97 Vfm/ha entspricht mit dem Umrechnungsfaktor zur Mitte der Bindefrist von 1,6 (Referenzbaumart Eiche) einem Kohlenstoffdioxidambivalent von 167 t (Klein & Schulz, 2011, S. 6). Zu Beginn der Bindefrist werden vom Simulationsprogramm weder ein Derbholzvorrat noch die Grundfläche erfasst. Das anfangs vorhandene Stammzahlkontingent von 3.095 Stk./ha unterliegt einer Mortalität von rd. 1/3 zu Ende der natürlichen Waldentwicklung.

Tabelle 3: Vergleich der waldwachstumskundlichen Bestandesdaten des Bestandes 79 a[4] zum Stichtag 01.01.2024 und nach 20-jähriger natürlicher Waldentwicklung anhand des Simulationssamples 5.4

79 a[2]	IST	Sample 5.4	Δ
Vorrat in Vfm/ha	0,1	96,6	+ 96,5
Stammzahl in Stk./ha	3.095	2.097	- 998
Grundfläche in m²/ha	/	18,3	+ 18,3
B°	/	1,2	+ 1,2
Kohlenstoffbindung in t	/	/	+ 167

Im Vergleich der Baumartenzusammensetzung fällt ein Rückgang der Baumarten Kiefer, Buche und SLH unter 1 % auf (vgl. Abbildung 12). Auch hier ist sind Unterschiede in der Herleitungsweise der Baumartenanteile zu berücksichtigen. Während die Anteile der Mischbaumarten Fichte und SLN rückläufig sind, steigt der Anteil der Eiche über 20 % an. Mit einem Anteil von rd. 85 % zum Ende der Bindefrist entwickelt sich rechnerisch ein Eichen-Reinbestand.

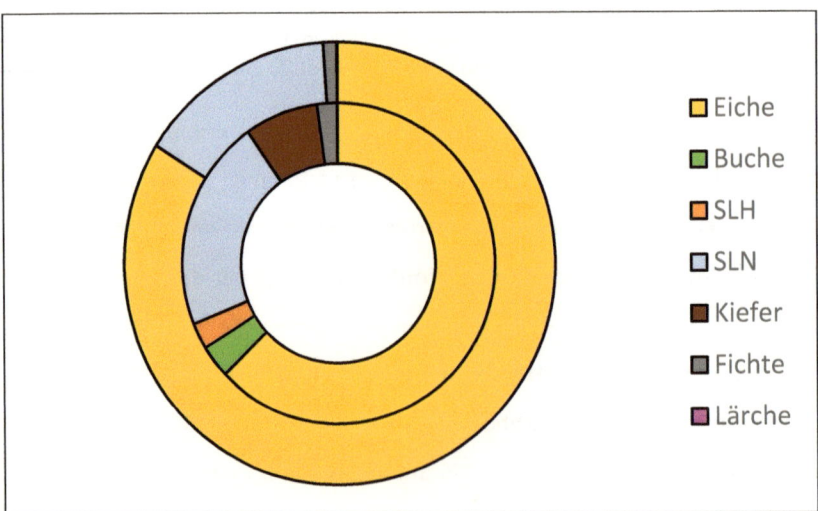

Abbildung 12: Entwicklung der Baumartenmischung nach Baumartengruppen im Oberstand des Bestandes 79 a[4] vom 01.01.2024 (innen) zu 2044 (außen) bei natürlicher Waldentwicklung (eigene Darstellung)

6.2.2 Strukturdatentabellen

Die Ausgangswerte biodiversitätsbeeinflussender Strukturen der Flächentypen sind in Tabelle 4 dargestellt. Für Kulturflächen berechnet das Simulationsprogramm in den Strukturdatentabellen den Shannon-Wiener-Index sowie die Evenness nicht selbstständig. Die Werte der Flächen 51 c^4 und 79 a^2 sind extern unter Betrachtung der Stammzahl anstelle der Grundfläche berechnet (vgl. Anhänge 13 & 14).

Tabelle 4: Erhobene Strukturdaten der Flächentypen zum Stichtag 01.01.2024

Bestand	51c4	63d1	79a2
Artenanzahl	5	5	10
Shannon-Wiener-Index	1,274 *	0,294	1,271 *
Evenness	0,711 *	0,183	0,552 *
Baumartenprofilindex (Pretzsch)	1,274	1,024	1,271
Höhendurchmischungs-% (v. Gadow)	23,455%	28,809%	20,810%
Durchmesserdurchmischungs-% (v. Gadow)	23,465%	40,491%	20,830%
Artendurchmischungs-% (v. Gadow)	71,153%	46,657%	78,352%

Die Einzelwerte der Simulationssamples sowie einschlägige Berechnungen sind in den Anhängen 9 bis 12 zu finden. Aus den mittleren Einzelwerten der Bestände lassen sich flächentypenübergreifende Mittelwerte ableiten (vgl. Tabelle 5, S. 72). Diese geben Aufschluss über die gesamtbetriebliche Entwicklung der Strukturparameter. Es ist im Durchschnitt eine Erhöhung aller Parameter zu beobachten, mit Ausnahme der Evenness sowie des Artendurchmischungsprozent. Hier fallen außerdem die Veränderungen bezogen auf die Spannweite der Indices am größten aus.

Tabelle 5: Mittlere Strukturparameter der Flächentypen nach simulierter natürlicher Waldentwicklung über einen Zeitraum von 20 Jahren

Parameter	ø∆	StAbw	VarK	SF
Artenanzahl	+ 2,167	1,067	49,3 %	0,195
Shannon-Wiener-Index	- 0,398	0,291	73,1 %	0,053
Evenness	- 0,215	0,129	60,2 %	0,024
Baumartenprofilindex (Pretzsch)	+ 0,069	0,296	426,9 %	0,054
Höhendurchmischungs-% (v. Gadow)	+ 0,576 %	0,027	476,4 %	0,005
Durchmesserdurchmischungs-% (v. Gadow)	+ 6,549 %	0,039	58,8 %	0,007
Artendurchmischungs-% (v. Gadow)	- 19,12 %	0,143	74,9 %	0,026

Die Skalenreichweite des Baumartenprofilindex ist wie die des Shannon-Wiener-Index von der absoluten Artenzahl abhängig (Pretzsch, 1996, S. 3). Daher ist auch hier der Wert des Index mit dem individuellen Maximalwert ins Verhältnis zu setzen (vgl. Tabelle 6).

Tabelle 6: Bestandes- und Maximalwerte des Baumartenprofilindex (Pretzsch) der Flächentypen zum Stichtag 01.01.2024 und nach simulierter natürlicher Waldentwicklung über einen Zeitraum von 20 Jahren

A	IST	A_{max} 2024	%	ø 2044	A_{max} 2044	%	∆
51c4	1,274	2,7080502	47,0 %	1,559	2,955	52,8 %	+ 5,7%
63d1	1,024	2,7080502	37,8 %	1,291	3,001	43,0 %	+ 5,2%
79a2	1,271	3,4011974	37,4 %	0,927	3,694	25,1 %	- 12,3%

Die Entwicklung des Baumartenprofilindex ist somit auch in Bezug auf die Skalenreichweite der Bezugszeitpunkte beim Flächentyp Eichen-Mischkulturen rückläufig. Der Index steigt bei den anderen Flächentypen an.

7 Diskussion

7.1 Vereinbarkeit der Flächenausweisung mit den Spezifikationen

Der Flächenausweisung des Betriebs zur natürlichen Waldentwicklung sind augenscheinlich mit den Vorgaben der Förderrichtlinie sowie den weiterführenden Spezifikationen des Zertifizierers konform. Es handelt sich unstrittig um Waldflächen i.S.d. LFoG. Der Betrieb ist bei den Kulturflächen der Wiederbewaldungspflicht ehemaliger Kalamitätsflächen bereits nachgekommen. Die Mindestflächengröße der Teilflächen sowie der Anteil von 5 % an der Betriebsfläche sind erfüllt.

Im Bestand 51 c[4] sind einzelne Z-Baum-Anwärter mit Schälschutzgittern vor Wildschäden geschützt. Diese könnten als nutzfunktionserhaltende, demnach forstwirtschaftliche Eingriffe gewertet werden. Auf Grundlage der teleologischen Auslegung (vgl. Abschnitt 4.4.2) sind diese nicht im Widerspruch mit dem Förderziel zu sehen. Vielmehr wird durch den Schutz qualifizierter Baumarten einer wildschadensbedingten Artenreduktion und Entmischung entgegengewirkt (Ammer et al., 2010, S. 63). Eine Beeinträchtigung des Entwicklungsziels klimaresilienter, anpassungsfähiger und produktiver Wälder ist somit nicht ersichtlich. Die Demontage des Einzelschutzes ist nicht notwendig.

Aus angrenzenden Wegen, die während des Förderzeitraums uneingeschränkt genutzt und unterhalten werden dürfen, können sich verkehrssicherungstechnische Eingriffe in den Baumbestand ergeben. Verkehrswege in unmittelbarer Umgebung der Flächen beschränken sich auf forstwirtschaftliche Waldwege. Es grenzen keine öffentlichen Straßen an. Daher ist der Einfluss von Zuwachsveränderungen durch Eingriffe der Verkehrssicherung zu vernachlässigen und wird bei der Simulation der Bestände nicht besonders berücksichtigt.

Besondere naturschutzfachliche Erfordernisse sind bei keinem Flächentyp abzusehen. Der Erlenbruchwald ist als gesetzlich geschütztes Biotop grundsätzlich nicht erheblich zu beeinträchtigen (§ 30 Abs. 2 Nr. 4 BNatSchG). Dies impliziert ein Erhaltungsgebot des Eigentümers auch entgegen natürlicher Dynamik. Im Verlauf der Simulation ist nicht ersichtlich, dass die Eigenschaft des LRT beeinträchtigt ist. Somit sind auch durch naturschutzfachliche Eingriffe keine erheblichen Zuwachsveränderungen absehbar und sind bei der Simulation nicht zu berücksichtigen.

Abschließend sind keine Widersprüche der Flächenausweisung mit den Vorgaben der Förderrichtlinie ersichtlich. Die betriebliche Umsetzung kann als förderfähig angesehen werden. Aus dem Verzicht forstwirtschaftlicher Eingriffe müssten sich demnach Entwicklungen ergeben, die einen Beitrag zur Zielerreichung des Fördermittelgebers leisten.

7.2 Belastbarkeit der Simulationsdaten

Zur Bewertung der Effekte natürlicher Waldentwicklung werden Kennwerte für die Entwicklung der Biodiversität sowie der Kohlenstoffspeicherung herangezogen. Um gesicherte Aussagen aus den Simulationsszenarien treffen zu können, müssen die Ergebnisse statistisch belastbar sein (Assenmacher, 2003, S. 2).

Die Ausgangsindices der Beispielflächen mit dem jeweiligen Flächentyp variieren mitunter stark. Es sind dabei keine Regelmäßigkeiten bspw. in Bezug auf Laub- und Nadelholz oder Kultur- und Baumholzflächen festzustellen. Die simulierten Entwicklungswerte schwanken ebenso im Vergleich der Flächentypen je nach Ausgangslage. Allgemeingültige Trends sind nicht für alle der betrachteten Indices zu beobachten. Statistische Maßzahlen geben Aufschluss, inwiefern dennoch eine Belastbarkeit der Simulationswerte gegeben ist (Assenmacher, 2003, S. 85 ff.).

Es sind innerhalb der flächentypengetrennten Messreihen eindeutige Entwicklungen der Kennwerte festzustellen. Das bestätigen durchweg geringe Standardabweichungen (StAbw) der Simulationsdaten. Der Variationskoeffizient (VarK), als vergleichbares Maß der

Standardabweichung, liegt im Mittel bei geringfügigen Werten unterhalb von 5 %. Die höchste Abweichung mit 12,2 % spricht gleichermaßen nicht gegen eine statistische Belastbarkeit (vgl. Anhang 12). Somit ist die Entwicklung der Biodiversitätsindices der einzelnen Flächentypen für die Zwecke dieser Arbeit statistisch hinreichend fundiert darstellbar.

Um flächentypenübergreifende Entwicklungen abzubilden, werden Mittelwerte der Differenz der Indices zum jeweiligen Ausgangsbestand gebildet. Hierbei sind erheblich höhere Standardabweichungen zu beobachten, da die Streuung mit der Heterogenität der Flächentypen zunimmt. Bei Indices mit Mittelwerten gegen Null, wie dem Baumartenprofilindex und dem Höhendurchmischungsprozent, liegt der Variationskoeffizient über 400 %. Aussagen bezüglich genauer Wertentwicklungen sind auf dieser Grundlage nur eingeschränkt möglich. Der Standardfehler (SF) der kombinierten Messreihen liegt bei jedem Index unterhalb der gemittelten Differenz (vgl. Anhang 12). Insofern kann angenommen werden, dass die Stichproben ausreichend repräsentativ sind, um die Entwicklungstrends bezüglich Verbesserung oder Verschlechterung der Strukturparameter darzustellen.

7.3 Bewertung der flächentypenspezifischen Strukturentwicklung

Durch Ansamungseffekte ist bei allen Flächentypen mit einer höheren absoluten Artenanzahl zum Ende des Förderungszeitraums zu rechnen. Auffällig ist die höchste Anzahl neuer Baumarten auf der Fläche 79a², welche auch vor Beginn der natürlichen Waldentwicklung eine erheblich höhere Baumartendiversität als die anderen Flächentypen aufwies. Die höhere Diversität der Naturverjüngung kann durch die ebenfalls hohe Strukturvielfalt des Ausgangsbestands bedingt sein. Durch ein höheres Angebot ökologischer Nischen ist die Ausbreitung eines größeren Artenspektrums möglich (vgl. Abbildung 3, S. 42). Auch die bereits angelegten Rückegassen, in der Simulation mit angelegt oder berücksichtigt durch einen reduzierten Deckungsgrad, kommen der Naturverjüngung als Ausbreitungsraum zugute.

Im Gegensatz zur Artenanzahl sinken die Werte des Shannon-Wiener-Index sowie der Evenness bei allen Flächentypen. Das spricht für eine abnehmende Qualität der Baumartenmischung. Auch hier ist die stärkste Veränderung bei den Eichenkulturflächen zu beobachten. Der Grund für das Verringern der Indices liegt in dem Anstieg der Gesamtartenanzahl. Etablierte Arten mit hoher Abundanz sind in Bezug auf Arten mit geringer Stammzahl, wie in frühen Phasen der natürlichen Ausbreitung typisch, in einem stark unausgeglichenen Dominanzverhältnis. So sind Negativentwicklungen der Indices trotz unveränderter Verhältnisse der Ausgangsbaumarten möglich. Die weitere Entwicklung der Dominanzverhältnisse mit andauernden Ansamungseffekten bleibt fraglich. Insofern ist in Hinblick auf die Biodiversität die absolute Artenanzahl unter Beachtung der Baumartenverteilung des Oberstandes aussagekräftiger. Hierbei zeigt sich trotz steigender Artenanzahl bei allen Flächentypen eine Entmischung des Oberstandes. Es entwickeln sich dominante Baumarten heraus, während ein Teil der Mischbaumarten an Anteilen verliert oder ganz aus dem Oberstand verschwindet (vgl. Abbildungen 7, 9 & 11, S. 64 ff.). Viele Arten sind ausschließlich unterständig zu finden. Daraus ist zu interpretieren, dass sich unter den Baumarten im Zuge der natürlichen Waldentwicklung unausgeglichene Dominanzverhältnisse ausbilden. Im Vergleich mit der regulären forstlichen Bewirtschaftung werden zwar bei der natürlichen Waldentwicklung Mischbaumarten mit geringerer Werterwartung nicht aktiv herausgepflegt, um Wertträger im Oberstand zu fördern. Andererseits können auch keine aktiven Maßnahmen ergriffen werden, um unterständige Mischbaumarten in der Entwicklung zu unterstützen.

Der steigende Baumartenprofilindex spricht zusammenfassend für eine Erhöhung der absoluten Artenvielfalt in Kombination mit der zunehmenden Trennung in Bestandesschichten. Einzig bei der Eichenmischkultur ist eine Abnahme des Baumartenprofilindex zu beobachten. Diese ist durch die noch nicht einsetzenden Höhendifferenzierung des Bestandes bedingt. Der Großteil der beteiligten Arten ist nicht in allen relativen Höhenschichten vertreten (Abbildung 11, S. 69).

Die Durchmischungsprozente nach von Gadow sind je Betrachtungsebene unterschiedlich. Die Durchmesserdurchmischung steigt bei allen Flächentypen im Laufe der Simulation. Diese Entwicklung ist vor dem Hintergrund steigender Maximaldurchmesser sowie der fortschreitenden mikrostandörtlichen Differenzierung der Individuen zu erwarten. Die Artendurchmischung hingegen nimmt ausnahmslos ab. Die Etablierung dominanter Arten zu Gruppen führt zum Ausscheiden einzelner wuchsschwächerer Arten, welche sich ebenfalls nur gruppenweise durchsetzen können (vgl. Abbildung 3, S. 42). Direkte Nachbarschaften werden weitgehend aufgelöst. Diese Dynamik spiegelt sich auch in der Höhendurchmischung wider. Durch die Konkurrenz um Wuchsraum entwickeln sich Individuen artenunabhängig in Gruppen ähnlichen Höhenwachstums heraus. Wuchsschwache Nachbarn unterliegen einer höheren Mortalität. Die Höhenentwicklung läuft auf den Klimaxwald hinaus, der typisierten Waldentwicklungsphase im beobachteten Bestandesalter. Homogene Nachbarschaftsverhältnisse lösen sich in den natürlichen Waldentwicklung erst im späteren Bestandesalter auf (vgl. Abbildung 3, S. 42). Die Ausnahme bildet der Bestand 51 c4, hier ist mit der Douglasie eine Baumart mit starker Wuchsdominanz in regelhaften Abständen eingemischt. Daraus resultiert höhenbezogene Heterogenität mit den direkten Nachbarn geringerer Wüchsigkeit. Inwiefern dieses Verhältnis im weiteren Wuchsverlauf bestehen bleibt ist fraglich.

7.4 Konvergenz der betrieblichen Umsetzung mit den Zielen der Förderrichtlinie

Die durch Flächenstilllegung vorrangig verfolgten Ziele sind sowohl die Steigerung der Kohlenstoffbindung innerhalb des Ökosystems Wald als auch die Erhöhung der Biodiversität (vgl. Abschnitt 4.2.3). Die aus den Simulationen gewonnenen Daten sind als weitgehend belastbar anzusehen und werden zur Bewertung der Effekte natürlicher Waldentwicklung herangezogen. Damit die von den Forstbetrieben umgesetzten Vorgaben der Förderrichtlinie auf mit deren Zielen konvergieren, müssen aus dem Nutzungsverzicht Effekte eintreten, die zur Zielerreichung beisteuern (vgl. Abschnitt 4.2.3).

Die absolute Artenanzahl, von der die Biodiversität von Ökosystemen grundsätzlich abhängig ist, steigt durch die natürliche Waldentwicklung an. Bei jedem der Simulationssamples unabhängig welches Flächentyps sind zum Ende des Zuwendungszeitraums mehr Baumarten auf der Fläche zu finden als zu Beginn der Untersuchung. Der Anstieg der Artenvielfalt ist durch die natürliche Samenverbreitung ohne Einfluss von forstwirtschaftlicher Steuerung bedingt. Wie viele Individuen welche Art migrieren hängt von der Verfügbarkeit von Samenbäumen sowie von den Eigenschaften des Standorts ab. Baumsamen von Pionierarten können sich durch Anemo-, Hydro- oder Zoochorie mehrere Kilometer von ihren Samenbäumen entfernt ausbreiten (Henning B. , 2021).

Die Entwicklung der Strukturindices stellt sich divergenter dar als die Anzahl der Arten. In Korrelation zu den grundlegenden Gesetzmäßigkeiten der Waldentwicklungsphasen steigen einige Indices in ihrer Wertigkeit für die Biodiversität während andere ein steigendes Ungleichgewicht der Artenzusammensetzung anzeigen. Eine eindeutige Negativentwicklung ist bei der Evenness sowie der Artendurchmischung zu beobachten. Daraus ist ein zunehmendes Ungleichgewicht der Dominanzverhältnisse zu interpretieren. Folglich steigt zwar die quantitative Biodiversität der Waldökosysteme, die Stabilität der Vegetationsgesellschaft nimmt jedoch ab. Die Negativentwicklung ist insofern differenziert zu betrachten, dass die Entwicklungsdynamik bei der Bewertung berücksichtigt werden muss. Durch den Zugewinn neuer Arten mit geringen Individuenzahlen sinkt kurzfristig das Artengleichgewicht und die durchschnittliche relative Fitness der Einzelarten. Der natürliche Prozess lässt jedoch vermuten, dass bei stetig fortlaufender Einwuchsentwicklung langfristig ein Gleichgewicht des standortangepassten Arteninventars entsteht. Unter Beachtung dieser Dynamik ist das kurzfristige Ungleichgewicht der Artenverteilung nicht als negativ in Bezug auf die stabilere Ausgangslage unter Beteiligung einer geringeren Artenanzahl zu werten.

Die Veränderung der Baumartenzusammensetzung des Oberstandes über alle Flächentypen hinweg kann sich negativ auf die Biodiversität der Waldökosysteme auswirken. Es ist im etablierten Oberstand eine zunehmende Dominanz der Hauptbaumarten auf Kosten der Mischbaumarten zu beobachten (vgl. Abbildungen 8, 10, 12, S. 65 ff.). Bei Fortsetzung dieser Wuchsdynamik entsteht auch langfristig ein differentes Dominanzverhältnis der Arten untereinander, woraus unausgeglichene Dominanzverhältnisse sowie ein instabiles Artengefüge entstehen. Waldökosysteme der ausgewiesenen Altersspanne entwickeln sich in der Optimalwaldphase zu homogenen, strukturarmen Wäldern mit geringer Baumartenvielfalt (vgl. Abbildung 3, S. 42). Die Klimaresilienz nimmt mit sinkender quantitativer Biodiversität ebenfalls ab. In späteren Waldentwicklungsphasen wie der Zerfallsphase steigt die Biodiversität mit der typischen Wuchsdynamik, dementsprechend auch mit der natürlichen Waldentwicklung (vgl. Abbildung 3, S. 42). Flächenausweisungen derartiger Waldbestände zur natürlichen Waldentwicklung sind aus betriebswirtschaftlicher Sicht strittig, da mit alten, vorratsreichen Beständen höhere potenzielle Nutzungsverzichte einhergehen.

Mithilfe forstwirtschaftlicher Eingriffe wäre eine Steuerung der Artenzusammensetzung entgegen natürlicher Prozesse möglich. Anlass, diese als dringende naturschutzfachliche Eingriffe i.S.d. Förderrichtlinie anzusehen, besteht nicht. Durch ordnungsgemäße forstwirtschaftliche Eingriffe könnte ebenso eine weitere erhebliche Verschlechterung der Biodiversität begründet werden. Im Verlauf der natürlichen Waldentwicklung ist eine abrupte Destabilisierung der Biodiversität hingegen nicht anzunehmen (vgl. Abschnitt 7.3). Daher ist die natürliche Waldentwicklung in Bezug auf die Entwicklung eines diversen, klimaresilienten Ökosystems trotz unvorteilhafter Wuchsdynamiken zielführend.

In Bezug auf die Erhöhung der Kohlenstoffspeicherung ist die Entwicklung des Holzvorrats ausschlaggebend. Mit der Steigerung des Holzvorrats geht eine mittel- bis langfristige Bindung von Kohlenstoff in Biomasse einher (Klein & Schulz, 2011). Zur Zielerreichung müsste natürliche Waldentwicklung eine Steigerung des Holzvorrates im Vergleich zu bewirtschafteten Waldflächen bewirken. Eine Erhöhung der Kohlenstoffbindung durch Unterlassung der Waldbewirtschaftung ist gegeben, solange die Biomasse nicht zersetzt wird (vgl. Tabellen 1 bis 3, S. 65 ff.). Flächige Sturm- oder Käferkalamitäten könnten eine höhere Freisetzung von CO_2 zur Folge haben.

Im Vergleich mit bewirtschafteten Waldflächen ist die Kohlenstoffspeicherung bei Prozessschutz, analog zur natürlichen Waldentwicklung, am höchsten (Borys et al., 2013, S. 33 f.). Es wird über alle Bestandteile des Ökosystems mehr Kohlenstoff gespeichert als bei bewirtschafteten Vergleichsflächen inklusive deren Kohlenstoffbindung in exportierten Holzprodukten. Somit kann von einer grundsätzlichen Verbesserung der Kohlenstoffspeicherung durch die Umsetzung der Förderrichtlinie ausgegangen werden, unter Vorbehalt von Kalamitätsereignissen.

Zu beachten ist die fehlende Betrachtung von Substitutionseffekten durch die Nutzung des Rohstoffes Holz bei bewirtschafteten Waldflächen. Rohstoffe auf Grundlage fossiler Energieträger, bei deren Herstellung Kohlenstoff an die Atmosphäre abgegeben wird, können durch Holz teilweise ersetzt werden (Krug et al., 2010, S. 8). Eingesparte Kohlenstoffemissionen sind zusätzlich zur Nettokohlenstoffbindung auf die Klimabilanz des Rohstoffes Holz anzurechnen. Bei Verzicht auf die Bewirtschaftung von Wäldern ist die Substitution von Rohstoffen durch regionales Holz nur eingeschränkt möglich.

Weitergehend sind Waldökosysteme keine langfristig leistungsfähigen Kohlenstoffspeicher. Anhaltende Kohlenstoffbindung ist durch fortschreitende Biomasseakkumulation bedingt (Klein & Schulz, 2011). Nach Überschreiten der Optimalphase in Form des Klimaxwaldes setzt die altersbedingte Mortalität einzelner Bestandesglieder ein (vgl. Abbildung 3, S. 42). Der gebundene Kohlenstoff gelangt durch den Mineralisierungsprozess teilweise zurück in die Atmosphäre. Dementsprechend sinkt „mit zunehmendem Bestandesalter [...] die jährliche

CO_2-Senkenleistung und geht in der Schlußwaldphase [hier: Zerfallsphase, vgl. Abbildung 3, S. 42; a.d.V.] gegen Null" (Krug et al., 2010, S. 8). Das Ökosystem erfüllt in dieser Waldentwicklungsphase lediglich eine oszillierende Speicherfunktion, statt fortlaufend Kohlenstoff zu binden (ebd.).

Durch Holzernte vor dem natürlichen Zerfall kann der im Holz enthaltene Kohlenstoff in Form von Holzprodukten mit hoher Nutzungsdauer, beispielsweise im Holzbau oder der Kaskadennutzung, langfristiger gebunden werden (vgl. Abbildung 2, S. 22). Diese Möglichkeit ist bei dem Verzicht auf forstwirtschaftliche Eingriffe nicht gegeben. Die angestrebte Kreislaufnutzung von Holz über mehrere Jahrzehnte hinweg könnte den Speichereffekt verstärken. Diese Zusammenhänge werden nur bedingt berücksichtigt, da bei der betrieblichen Umsetzung des Beispielbetriebs keine Waldbestände im Zerfallsstadium zur natürlichen Waldentwicklung ausgewiesen sind. Bei allen Flächentypen ist eine Steigerung des Holzvorrats zu erwarten, somit auch ein fortlaufender Bindungsprozess von Kohlenstoff. Es bleibt zu klären, ob die Kohlenstoffbindung von Prozessschutzflächen der von bewirtschafteten Waldflächen unter Beachtung von Substitutionseffekten und der Kohlenstoffbilanz in der Zerfallsphase weiterhin überwiegt.

Durch Flächenstilllegungen im Sinne der Förderrichtlinie sind positive Effekte auf die Ökosystemleistungen des Waldes zu erwarten. Daher konvergiert die betriebliche Umsetzung innerhalb des zulässigen Entscheidungsspielraums mit den durch die Zuwendung angestrebten Zielen.

Die Hypothese kann auf Grundlage der Untersuchungsergebnisse weitgehend bestätigt, zumindest nicht überwiegend widerlegt werden. Es sind durch den Verzicht auf forstwirtschaftliche Eingriffe positive Auswirkungen auf die Biodiversität sowie auf die CO_2-Senkenleistung von Waldökosystemen zu erwarten. Die natürliche Waldentwicklung nach den Maßgaben der Förderrichtlinie trägt somit unmittelbar zur Erreichung der Förderziele bei. Die inhaltliche Ebene der Förderrichtlinie in Form der betrieblichen Umsetzung im Rahmen der Vorgaben konvergiert somit mit den Zielen der Förderung.

7.5 Konvergenz der natürlichen Waldentwicklung mit dem EU-politischen Rahmen

Abschließend wird die Konvergenz der erreichbaren politischen Ziele der Förderrichtlinie mit einschlägigen Politikzielen der EU diskutiert. Die Ziele der EU-Politik in den Politikfeldern der Umwelt- und Wettbewerbspolitik sind in Abschnitt 3.1 herausgestellt, die Zielsetzung und deren Erreichbarkeit durch die Umsetzung der Förderrichtlinie in Abschnitt 4.2. Für die Beurteilung der Konvergenz werden Wechselwirkungen herausgestellt und das Zusammenspiel unter Einbezug der politischen Instrumente bewertet.

7.5.1 Binnen-Konvergenz der Umweltpolitiken

Die Binnen-Konvergenz wird innerhalb des Politikfeldes der Umweltpolitik ermittelt. Die EU nimmt auf die Umweltpolitik der Mitgliedsstaaten im Wesentlichen durch die Umsetzung des European Green Deal Einfluss. Ziele auf dem Gebiet der Biodiversitätsentwicklung sowie der Kohlenstoffspeicherung, wie sie durch das Kriterium der natürlichen Waldentwicklung der Förderrichtlinie verfolgt werden, finden sich auch in der EU-Politik wieder. Einschlägige Elemente in diesen Bereichen stellen die in Abschnitt 3.1 aufgezeigten Politikmaßnahmen dar. Die hierdurch verfolgten Ziele sind im Wesentlichen die Steigerung der allgemeinen Biodiversität, der Erhalt der natürlichen Kohlenstoffsenke im Wald sowie Erhalt und Mehrung der Waldfläche bei gleichzeitiger Stärkung der forstlichen Wirtschaftstätigkeit.

Im Vergleich ist das Ziel der Forstbetriebsförderung nach den Vorgaben des zwölften Kriteriums der Förderrichtlinie insbesondere die höhere Klimaresilienz von Waldökosystemen durch die Steigerung der Biodiversität und der CO_2-Senkenleistung. Diese Ziele sind durch praktische Implementierung die in der Förderrichtlinien festgelegten Vorschriften auch weitgehend erreichbar (vgl. Abschnitt 7.3).

Die Ziele der nationalen Förderrichtlinie sind in vielen Belangen deckungsgleich mit den supranationalen Zielsetzungen der EU. Von beiden Akteuren wird angestrebt, den Wald in seiner Leistungsfähigkeit als natürliche Kohlenstoffsenke zu fördern. Zur Sicherung der langfristigen Produktivität forstlicher Ökosysteme soll zudem die Biodiversität erhalten und gesteigert werden. Beides sind Bestandteile des übergeordneten Ziels der Klimaresilienz, das durch die Förderrichtlinie primär erreicht werden soll. Das Vorhaben der EU, privaten Waldbesitzenden finanzielle Anreize für Ökosystemdienstleistungen zu schaffen (Europäische Kommission, 2021a, S. 3), wird durch die Förderrichtlinie national umgesetzt. Außerdem sind in den Vorschriften ergänzende Aspekte zu finden, die in Wechselwirkung miteinander stehen. Beispielsweise zielt die Biodiversitätsstrategie 2030 darauf ab, 30 % der Landfläche bis 2030 unter Schutz zu stellen. Eine offizielle Unterschutzstellung von Waldflächen wird durch die Förderrichtlinie nicht erreicht, Flächenstilllegungen verfolgen aber ideell einen ähnlichen Zweck.

Es zeigen sich auch Widersprüche zwischen den Politikmaßnahmen. Die EU beabsichtigt die Förderung nachhaltiger Waldbewirtschaftung mit der dem Ziel der Kaskadennutzung des Rohstoffes Holz (ebd.). Der Verzicht auf forstwirtschaftliche Maßnahmen durch die Förderrichtlinie erlaubt für den Zuwendungszeitraum keine Nutzung des Holzvorrats. Insofern sind angestrebte Substitutionseffekte bei Flächen mit natürlicher Waldentwicklung nicht zu erreichen[2]. Auch die Herangehensweise an die Erhöhung der Biodiversität in Wäldern

---

[2] In dieser Untersuchung wurden keine Nutzungsverlagerungen durch eventuelle Leakage-Effekte einbezogen. Zur abschließenden Betrachtung der Substitutions- und Klimawirkung ist weitere Forschung notwendig.

unterscheidet sich. Während die EU für aktive Maßnahmen wie Baumpflanzungen plädiert, sind im Rahmen der natürlichen Waldentwicklung überwiegend passive Effekte zu erwarten.

Es sind sowohl im Hinblick auf die Entwicklung der Biodiversität als auch auf die CO_2-Senkenleistung von Wäldern forstliche Bewirtschaftungsmodelle denkbar, die zu einer effizienteren und sichereren Erreichung der umweltpolitischen Ziele führen können. Einerseits ist die aktive Steuerung der Baumartenzusammensetzung oder die Schaffung von biodiversitätsfördernden Strukturen entgegen natürlicher Entwicklungsprozesse bei der Stilllegung von Waldflächen nicht möglich. Andererseits kann durch nachhaltige, langfristige Holzverwendung in Wirtschaftswäldern möglicherweise mehr CO_2 gebunden werden als auf Prozessschutzflächen. Substitutionseffekte können bis zu zehnfach höhere CO_2-Senkeneffekte von Wirtschaftswald bewirken (Irslinger, 2020, S. 21). Dennoch weisen wissenschaftliche Handlungsempfehlungen für den Biodiversitäts- und Klimaschutz in Waldökosystemen auf die Notwendigkeit von Prozessschutzflächen in geringem Umfang hin (Hickler et al., 2012, S. 189 f.; Drenckhahn et al., 2020, S. 30). Der Anteil der Fläche mit natürlicher Waldentwicklung an der Gesamtbetriebsfläche im Rahmen der Förderrichtlinie ist sehr begrenzt, somit sind mögliche Nachteile der Flächenstilllegungen vernachlässigbar. Insofern ist aufgrund der hohen Übereinstimmung von Zielen der Förderrichtlinie mit Zielen der EU innerhalb des Politikfeldes der Umweltpolitik von einer inhaltlichen Konvergenz auszugehen.

7.5.2 Externe Konvergenz mit dem EU-Beihilferecht

Das EU-Beihilferecht bestimmt maßgeblich Umfang und Modalitäten staatlicher Beihilfen an Unternehmen. Die Förderrichtlinie muss den Anforderungen des Beilhilferechts an formale und inhaltliche Gestaltung gerecht werden. Liegen keine Widersprüche mit beihilferechtlichen Vorgaben vor, ist von einer externen Konvergenz der Politiken auszugehen. Die erfolgreiche Notifizierung des Beihilfeprogramms indiziert eine vollständige

Vereinbarkeit der Gesamtrichtlinie mit dem Beihilferecht, diese wird in Bezug auf das Kriterium der natürlichen Waldentwicklung anhand eines Beispiels geprüft.

Dazu müsste die Beihilfe zur natürlichen Waldentwicklung einen bestimmten Wirtschaftszweig in seiner Entwicklung fördern (Rn. 42 – 45 ABl. C 2022/C 485/1). Hier ist der geförderte Wirtschaftszweig die Forstwirtschaft, in Form von Hilfen zur Entwicklung klimaresilienter Wälder. Außerdem müsste die Beihilfe einen Anreizeffekt haben. Dieser liegt vor, „wenn die Beihilfe das Verhalten eines Unternehmens dahin gehend ändert, dass es durch zusätzliche Tätigkeiten, die es ohne die Beihilfe entweder nicht, nur in geringerem Umfang oder auf andere Weise ausüben würde, einen Beitrag zur Entwicklung des Sektors leistet" (Rn. 47 ABl. C 2022/C 485/1). Die Aufgabe forstwirtschaftlicher Bewirtschaftung zur Steigerung der Biodiversitäts- und Klimaleistung von Flächen, die potenziell positive DB erwarten lassen und keiner vollständigen Nutzungsbeschränkung unterliegen, ist bei Forstbetrieben ohne staatliche Beihilfe nicht zu erwarten. Auch bei den betrieblich ausgewiesenen Flächentypen wäre eine Nutzung innerhalb der Bindefrist zu erwarten, mindestens ein geringerer Umfang des Nutzungsverzichts bspw. in Phasen der eingeschränkten Befahrbarkeit. Insofern ist ein Anreizeffekt i.S.d. Rn. 47 – 55 (ebd.) vorhanden.

Weiterhin darf die staatliche Beihilfe nicht zu einer Beeinträchtigung der gemeinsamen Interessen der EU führen. Dazu muss die Notwendigkeit, Geeignetheit und Verhältnismäßigkeit der Beihilfe gegeben sein (Rn. 61 ff ABl. 2022/C 485/1). Wenn die Beihilfe die spezifischen Bedingungen gemäß des ersten Teils der Rahmenregelung für staatliche Beihilfen im Agrar- und Forstsektor und in ländlichen Gebieten erfüllt, ist diese als notwendig anzusehen (Rn. 71 ebd.). Die Geeignetheit der Maßnahme, das Ziel einer gesteigerten Biodiversität und CO_2-Senkenleistung zum Zwecke der Klimaresilienz der Wälder zu erreichen, ist mithilfe der Untersuchungsergebnisse hinreichend belegbar. Die natürliche Waldentwicklung auf anteiliger Fläche ist bei typischer betrieblicher Umsetzung sowohl der

Biodiversität als auch dem Kohlenstoffspeichervermögen von Waldbeständen zuträglich (vgl. Abschnitt 7.3). Die Beihilfe ist im Vergleich zu anderen Politikinstrumenten geeignet, wenn die spezifischen Bestimmungen der einschlägigen Abschnitte des zweiten Teils der Rahmenrichtlinie erfüllt sind (Rn. 73 ebd.). Die Beihilfe zur natürlichen Waldentwicklung stellt eine „Beihilfe für Waldumwelt- und -klimaleistungen und die Erhaltung von Wäldern" gem. Rn. 554 ff. (ebd.) dar. Das spezifische Ziel des GAP-Strategieplans, dessen Verwirklichung durch die Beihilfe gefördert wird, ist der Beitrag zum Klimaschutz und zur Anpassung an der Klimawandel (Art. 6 Abs. 1 lit. d VO (EU) 2021/2115). Es kann demnach von einer Geeignetheit der Beihilfe ausgegangen werden.

Zur Herstellung der Verhältnismäßigkeit darf der Beihilfebetrag regelmäßig nicht die beihilfefähigen Kosten oder Mindererlöse überschreiten (Rn. 84 ABl. 2022/C 485/1). Beihilfen für Waldumwelt- und -klimaleistungen und die Erhaltung von Wäldern unterliegen einer Ausnahme durch Rn. 554 (ebd.), die Beihilfeintensität kann demnach bis zu 120 % der beihilfefähigen Kosten betragen. Aus betriebswirtschaftlicher Sicht bietet die Förderflächenausweisung von Erlenbruchwäldern den geringsten Mehrwert. Da bei diesem Flächentyp sowohl im ersten als auch im zweiten Zuwendungszeitraum Derbholzerträge in wertbringenden Dimensionen erwirtschaftet werden können, ist trotz eingeschränkter Holzerntemöglichkeiten der potenzielle DB am höchsten. In beiden Perioden wird die Zuwendungshöhe durch Erträge der Waldbewirtschaftung jedoch nicht erreicht. Dieses Verhältnis fällt bei den Kulturflächentypen weitaus stärker aus. Die Eichenkulturen lassen einen unwesentlich geringeren DB erwarten, da kaum Holzerntevolumen anfällt. Bei gleichmäßigem Verhältnis der Flächentypen an der Flächenausweisung verfügt der Betrieb am Ende des Förderzeitraums über einen Mehrertrag von ca. 278.800 € im Vergleich zur Waldbewirtschaftung. Das entspricht knapp 14.000 €/Jahr bzw. 112 €/ha/a. Die Beihilfeintensität beträgt im Beispielbetrieb über 120 % der beihilfefähigen, zusätzlichen Kosten und Einkommensverluste. Einkommensverluste durch einen unzureichenden Pflegezustand der Waldbestände nach Ende der Bindefrist sind nicht berücksichtigt.

Die beihilfefähigen Kosten von Beihilfen für Waldumwelt- und -klimaleistungen und die Erhaltung von Wäldern können anstelle der zusätzlichen Kosten und Einkommensverluste alternativ hergeleitet werden. Diese Berechnung geschieht „auf der Grundlage des Werts der Waldumwelt- und -klimaleistungen, die nicht vom Markt vergütet werden" (Rn. 557 b ABl. 2022/C 485/1). Leistungen i.S.d. Vorschrift können beispielsweise die CO_2-Senkenleistung sowie weitere Ökosystemdienstleistungen von Wäldern sein. Mithilfe der CO_2-Besteuerung ist der Wert der CO_2-Bindung in Waldbeständen quantifizierbar. Die Betriebsflächen mit natürlicher Waldentwicklung akkumulieren bei gleichmäßiger Verteilung der Flächentypen im Durchschnitt ein Derbholzvolumen von ca. 110 Vfm/ha innerhalb der Bindefrist (vgl. Abschnitt 6.2.1). Bei diesem Prozess wird atmosphärisches CO_2 gebunden und durch den Verzicht auf forstwirtschaftliche Maßnahmen über 20 Jahre im Bestand gespeichert. Die dabei im Holz gespeicherte Menge CO_2 hängt von der Holzart, dem Alter und der Vorratsstruktur ab und wird durch die bestandesweisen Umrechnungsfaktoren dargestellt (vgl. Abschnitt 6.2.1). Würde der Betrieb die gesamte Flächenausweisung in einem Flächentyp vornehmen, wäre die akkumulierte Kohlenstoffmenge der Kulturflächentypen zum Ende der Bindefrist 19.300 t bei den Eichen- oder 22.300 t bei den Fichten-Kulturflächen. Der Erlenbruchwald bindet im gleichen Zeitraum 20.878 t CO_2. Dementsprechend werden in Abhängigkeit der Flächentypenanteile mindestens 154 t/ha CO_2 gebunden. Bei einem Festpreis im Jahr 2024 von 45 € je Emissionszertifikat (§ 10 Abs. 2 Nr. 4 BEHG), das einer Tonne Kohlenstoffdioxidäquivalent entspricht, kann der Betrieb einen Kohlenstoffdioxidwert von 868.500 – 1.300.500 € innerhalb des Zuwendungszeitraums der Erdatmosphäre entziehen. Im Vergleich mit der Gesamtzuwendungssumme von 383.750 € über den Zuwendungszeitraum ist der Wert der CO_2-Bindung unabhängig von der Verteilung der Flächentypen weitaus höher. Etwaige vom Markt nicht vergütete Leistungen für weitere Ökosystemdienstleistungen wie der Biodiversität, die monetär nicht eindeutig abzubilden sind, sind dabei noch nicht berücksichtigt.

Die separierte Zuwendungshöhe des Kriteriums der natürlichen Waldentwicklung ist dementsprechend nicht unverhältnismäßig hoch. Betriebe mit einem geringeren Flächenkontingent oder einer Grundgesamtheit produktiverer Standorte weisen potenziell Flächen mit höherer Biomasseakkumulation aus. Bei einer maximalen Gesamtfördersumme von 2.000 €/ha über den gesamten Zuwendungszeitraum liegt der Mindestzuwachs, um bei einem Emissionszertifikatpreis von 45 € und einem mittleren Umrechnungsfaktor von 1,5 den Wert der Klimaleistung mit der Zuwendungssumme gleichzusetzen, unter 1,5 Vfm/ha/a (vgl. Anhang 15). Dies ist verschwindend gering im Vergleich mit dem durchschnittlichen Zuwachs deutscher Wälder von 10,8 Vfm/ha/a (BMEL, 2016, S. 158).

Unter Beachtung der vorhergehenden Ergebnisse und Diskussionsinhalte kann die Hypothese aus Abschnitt 2.3 nicht verifiziert werden. Die Förderrichtlinie ist bezogen auf das Kriterium der natürlichen Waldentwicklung sowohl inhaltlich als auch formal mit Politikmaßnahmen der EU konvergent. Innerhalb des beihilferechtlichen Rahmens lässt sich insbesondere keine Widersprüchlichkeit der Zuwendungshöhe mit dem Verbot der Überkompensation feststellen.

Bezogen auf das isolierte Kriterium der natürlichen Waldentwicklung ist die nationale Förderrichtlinie mit dem Rechts- und Politikrahmen der EU konvergent. Die betriebswirtschaftlich sinnvolle und im Sinne der Förderrichtlinie zulässige praktische Umsetzung konvergiert inhaltlich mit den Politikmaßnahmen in der Umweltpolitik der EU und formal mit beihilferechtlichen Rahmenregelungen.

8 Zusammenfassung

Die Förderrichtlinie „Klimaangepasstes Waldmanagement" ist ein politisches Instrument zur finanziellen Unterstützung von Forstbetrieben bei der Entwicklung zukunftssicherer, klimaresilienter Wälder. Das zwölfte Kriterium, auf 5 % der Holzbodenfläche für 20 Jahre auf forstwirtschaftliche Eingriffe zu verzichten, soll vorrangig die Biodiversität und die CO_2-Senkenleistung der Waldflächen verbessern. Diese Untersuchung prüft, ob die richtlinienkonforme Umsetzung des Kriteriums in einem Privatwaldbetrieb Effekte erzielt, die den Zielen der Förderrichtlinie zuträglich sind. Zusätzlich wird die Konvergenz mit umweltpolitischen Inhalten der EU sowie dem EU-Beihilferecht geprüft.

Der Beispielbetrieb nimmt die Flächenausweisung zu natürlichen Waldentwicklung anhand von drei Flächentypen vor, die ein geringes Holzerntevolumen oder vergleichsweise hohe HEK innerhalb der Bindefrist erwarten lassen. Darunter befinden sich Eichen- und Fichten-Mischbestände im Kulturalter sowie stark wasserbeeinflusste Erlenbruchwälder. Jeder Flächentyp kann im Förderzeitraum keine DB erzielen, die über der hektarbezogenen Zuwendungssumme liegen. Im Vergleich zur regulären Waldbewirtschaftung kann der Betrieb durch die Zuwendung einen Gewinn von durchschnittlich 112 €/ha/a erzielen.

Die quantitative Biodiversität steigt bei allen Flächentypen während der natürlichen Waldentwicklung. Strukturparameter, die die qualitative Biodiversität in Form von Dominanzverhältnissen widerspiegeln, entwickeln sich teilweise nachteilig. Diese Entwicklungen gleichen sich im Waldwachstumsverlauf aus. Durch die fortlaufende Biomasseakkumulation wird in den Beständen mit natürlicher Waldentwicklung CO_2 gebunden. In Abhängigkeit der Verteilung der Flächentypen beträgt die Menge gebundenen Kohlenstoffdioxids innerhalb der Bindefrist mindestens 154 t/ha.

Insgesamt leisten die Effekte der natürlichen Waldentwicklung einen Beitrag zu den kriterienbezogenen Zielen der Förderrichtlinie. Diese decken sich zudem mit den einschlägigen umweltpolitischen Maßnahmen der EU, die somit konvergent sind. Die Zuwendungshöhe übersteigt die beihilfefähigen Kosten erheblich. Die Berechnung der Fördersumme anhand des Werts von Ökosystemdienstleistungen ist jedoch zulässig. Wird die CO_2-Bindung der Waldflächen ideell nach den Preisen der Emissionszertifikate vergütet, ist die Fördersumme nur anteilig kostendeckend. Ein Widerspruch zu beihilferechtlichen Vorschriften liegt nicht vor.

Literaturverzeichnis

Adler, S., Enssle, J., & Krüger, J.-A. (2013). Natürliche Waldentwicklung bis 2020. (Naturschutzbund Deutschland (NABU) e.V., Hrsg.). Berlin.

Ammer, C., Vor, T., Knoke, T., & Wagner, S. (2010). *Der Wald-Wild-Konflikt. Analyse und Lösungsansätze vor dem Hintergrund rechtlicher, ökologischer und ökonomischer Zusammenhänge. In Göttinger Fortwissenschaften* (Bd. 5). Göttingen: Universitätsverlag Göttingen

Assenmacher, W. (2003). *Deskriptive Statistik* (3. Auflage). Heidelberg: Springer.

AVH Forst. (2020). *[Forsteinrichtung des Forstbetriebs für den Zeitraum vom 01.07.2020 bis zum 30.06.2030].* Köln.

BAMF. (2022). *Hinweise zum EU-Beihilferecht.* (Bundesamt für Migration und Flüchtlinge, Hrsg.). Nürnberg.

Bäumler, W. (2019). *Biodiversität.* Abgerufen am 16. 02. 2024 von https://www.kartieren.de/Mapper/Divers.htm

BMEL. (2016). *Ergebnisse der Bundeswaldinventur 2012.* (Bundesministerium für Ernährung und Landwirtschaft, Hrsg.). Berlin.

BMEL. (2022). Bekanntmachung der Richtlinie für Zuwendungen zu einem klimaangepassten Waldmanagement vom 28. Oktober 2022. (Bundesministerium der Justiz, Hrsg.). *Bundesanzeiger* (BAnz 11.11.2022 B1).

Borys, A., Lasch, P., Suckow, F., & Reyer, C. (2013). Kohlenstoffspeicherung in Buchenbeständen in Abhängigkeit von Waldpflege und Klimawandel. (K.-R. Volz, Hrsg.) *Allgemeine Forst- und Jagdzeitung, 1/2*(184), S. 26-35.

Busch, A. (o. J.). *Regionales Waldbaukonzept für das Münsterland.* (Wald & Holz NRW, Hrsg.). Abgerufen am 16. 02. 2024 von https://www.wald-und-holz.nrw.de/fileadmin/Ueber_uns/Dokumente/Regionales_Waldbaukonzept.pdf

Deutscher Bundestag. (2021). Konzept für das neue Förderinstrument. Honorierung der Ökosystemleistung des Waldes und von klimaangepasstem Waldmanagement. zur Vorlage beim Haushaltsauschuss des Deutschen Bundestages. *Sondervermögen Energie- und Klimafonds – Titel 6092/686 30 (Honorierung der Ökosystemleistung des Waldes und von klimaangepasstem Waldmanagement).* Abgerufen am 14. 02. 2024 von   https://www.gstb-rlp.de/gstbrp/Schwerpunkte/Wald%20im%20Klimastress/Konzept%20Finanzierung%20Klima+Biodiversität%20Wald%20für%20HH-Ausschuss.pdf

Dierschke, H. (1994). *Pflanzensoziologie - Grundlagen und Methoden.* Stuttgart: Ulmer.

Drenckhahn, D., Arneth, A., Filser, J., Haberl, H., Hansjürgens, B., Herrmann, B., . . . Trockner, K. (2020). *Globale Biodiversität in der Krise – Was können Deutschland und die EU dagegen tun?* (Deutsche Akademie der Naturforscher Leopoldina e.V., Hrsg.). Halle (Saale).

Eberl, J. (2020). Walderhaltungs- und Waldmehrungspolitik. In J. Eberl (Hrsg.). *Wald in Raum und Öffentlichkeit* (Bd. 7). Göttingen: BoD - Books on Demand.

Europäische Kommission. (2019). *The European Green Deal*. Abgerufen am 23. 02 2024 von
https://eur-lex.europa.eu/resource.html?uri=cellar:b828d165-1c22-11ea-8c1f-
01aa75ed71a1.0002.02/DOC_1&format=PDF

Europäische Kommission. (2020). EU-Biodiversitätsstrategie für 2030 - Mehr Raum für die
Natur in unserem Leben. (COM/2020/380 final). Brüssel. Abgerufen am 20. 03. 2024
von https://eur-lex.europa.eu/resource.html?uri=cellar:a3c806a6-9ab3-11ea-9d2d-
01aa75ed71a1.0002.02/DOC_1&format=PDF

Europäische Kommission. (2021a). *Neue EU-Waldstrategie für 2030*. Abgerufen am 23. 02.
2024 von https://eur-lex.europa.eu/resource.html?uri=cellar:0d918e07-e610-11eb-
a1a5-01aa75ed71a1.0021.02/DOC_1&format=PDF

Europäische Kommission. (2021b). *Europäischer Green Deal - Die Verwirklichung unserer Ziele*.
Luxemburg: Amt für Veröffentlichungen der Europäischen Union. Abgerufen am 23.
02. 2024

FH Erfurt. (2021). Richtlinie zur Gestaltung wissenschaftlicher Arbeiten. *7. überarb. Aufl.*
(Fakultät: Landschaftsarchitektur, Gartenbau und Forst, Hrsg.). Erfurt

FNR. (2023a). *Liste der Fördermaßnahmen der Bundesländer, die zu einer Zuwendungskürzung
führen*. Abgerufen am 27. 02. 2024 von https://www.klimaanpassung-
wald.de/fileadmin/Projekte/2023/FÖSL/230118_Relevante_Fördermaßnahmen_de
r_BL_V03.pdf

FNR. (2023b). *Wald-Klima-Paket: Fördermittel für 2023 werden ab sofort wieder bewilligt*.
Abgerufen am 27. 02. 2024 von https://www.klimaanpassung-

wald.de/service/aktuelles/wald-klima-paket-foerdermittel-fuer-2023-werden-ab-sofort-wieder-bewilligt

Gadow, K. v. (1993). Zur Bestandesbeschreibung in der Forsteinrichtung. *Forst und Holz* (48. Jahrgang, Nr. 21), S. 602-606.

Gauer, J., & Aldinger, E. (2005). Waldökologische Naturräume Deutschlands: - Forstliche Wuchsgebiete und Wuchsbezirke - mit Karte 1:1.000.000. (Verein für Forstliche Standortskunde e.V., Hrsg.). *Mitteilungen des Vereins für Forstliche Standortskunde und Forstpflanzenzüchtung.*

Hailbronner, K., & Jochum, G. (2006). *Europarecht II - Binnenmarkt und Grundfreiheiten.* Stuttgart: W. Kohlhammer.

Hansen, J., & Nagel, J. (2014). Waldwachstumskundliche Softwaresysteme auf Basis von TreeGrOSS - Anwendung und theoretische Grundlagen. (NW-FVA, Hrsg.). *Beiträge aus der Nordwestdeutschen Forstlichen Versuchsanstalt, Band 11.*

Henning, B. (2021). *Verbreitung von Samen.* Abgerufen am 19. 02. 2024 von https://www.forestbook.info/verbreitung-von-samen/

Henning, C. (2023). *Forstwirtschaft- Ausführliche Definition im Online-Lexikon.* Abgerufen am 15. 02. 2024 von https://wirtschaftslexikon.gabler.de/definition/forstwirtschaft-34646/version-258147

Hickler, T., Bolte, B., Hartard, B., Beierkuhnlein, C., Blaschke, M., Blick, T., . . . Walentowski, H. (2012). Folgen des Klimawandels für die Biodiversität in Wald und Forst. In V. Mosbrugger, G. Brasseur, M. Schaller, & B. Stribrny (Hrsg.). Darmstadt: Wissenschaftliche Buchgesellschaft.

Irslinger, R. (2020). *Klimaschutz durch Waldwirtschaft.* Tübingen. Von Eine Analyse und Quantifizierung der Klimawirkungen nachhaltiger Holznutzung in Deutschland.

Klein, D., & Schulz, C. (2011). Kohlenstoffspeicherung von Bäumen. (B. L. Forstwirtschaft, Hrsg.). *Merkblatt der Bayerischen Landesanstalt für Wald und Forstwirtschaft.* Freising.

Krug, J., Kriebitzsch, W.-U., Olschowsky, K., Bolte, A., Polley, H., Stürmer, W., . . . Riedel, T. (2011). *Potenziale zur Vermeidung von Emissionen sowie der zusätzlichen Sequestrierung im Wald und daraus resultierenden Fördermaßnahmen.* Arbeitsbericht Nr. 2011/03, Johann von Heinrich Thünen-Institut (vTI), Institut für Weltforstwirtschaft. Hamburg.

LANUV NRW. (2019). *Biotop- und Lebensraumtypenkatalog inkl. Erhaltungszustandsbewertung von FFH-Lebensraumtypen.* (F. K. Nordrhein-Westfalen, Hrsg.). Abgerufen am 18. 02. 2024 von https://methoden.naturschutzinformationen.nrw.de/methoden/web/babel/media/sammelmappe_lrt_ezb_april_2019.pdf

Larenz, K., & Canaris, C.-W. (1995). *Methodenlehre der Rechtswissenschaft* (3. Ausg.). München: Springer.

Moseley, C., Panferov, O., Döring, C., Dietrich, J., Haberlandt, U., Ebermann, V., . . . Jacob, D. (2012). Klimaentwicklung und Klimaszenarien. In *Empfehlung für eine niedersächsische Strategie zur Anpassung an die Folgen des Klimawandels* (S. 18-41). Hamburg: Staats- und Universitätsbibliothek Hamburg Carl von Ossietzky.

Nicke, A. (1997). *Ertragstafelauszüge.* Schwarzburg: Fachhochschule für Forstwirtschaft.

Nicke, A., & Schlehahn, H. (2018a). *Holzmesskunde und Waldbau Grundlagen.* Erfurt: Fakultät Landschaftsarchitektur, Gartenbau und Forst.

Nicke, A., & Schlehahn, H. (2018b). *Skript Forsteinrichtung und Praxisprojekt.* Erfurt: Fakultät Landschaftsarchitektur, Gartenbau und Forst.

Nilsson, M., Zamparutti, T., Petersen, J., Nykvist, B., Rudberg, P., & McGuinn, J. (2012). Understanding Policy Coherence. Analytical Framework and Examples of Sector-Enviroment Policy Interactions in the EU. *Env. Pol. Gov. 22*(6), 395-423. doi:10.1002/eet.1589

PEFC Deutschland e.V. (2023a). *FAQ zum PEFC-Fördermodul: Kriterien.* Abgerufen am 15. 02. 2024 von https://www.pefc.de/waldbesitzende/das-pefc-fordermodul/faq-zum-pefc-fordermodul/

PEFC Deutschland e.V. (2023b). *FAQ zum PEFC-Fördermodul: Allgemeine Fragen und Antworten.* Abgerufen am 15. 02. 2024 von https://www.pefc.de/waldbesitzende/das-pefc-fordermodul/allgemeine-fragen-und-antworten-faqs-zum-pefc-fordermodul/

Pretzsch, H. (1996). Strukturvielfalt als Ergebnis waldbaulichen Handelns. *Tagungsbericht der Sektion Ertragskunde des Deutschen Verbands Forstlicher Forschungsanstalten,* (S. 134-154). Neresheim.

Schäfer, M., & Eberl, J. (2023). Habitatbäume als Steuerungsmittel aktueller Forstpolitik? In J. Eberl (Hrsg.), *Wald in Raum und Öffentlichkeit* (Bd. 10). Göttingen: BoD - Books on Demand.

Schöpfer, W., & Dauber, E. (1989). Bestandessortentafeln Sachsen. (SMUL, Hrsg.) *Waldwertermittlungsrichtlinie (WaldwerR 2000),* S. 1/1 - 1/5.

ThüringenForst AöR. (2023a). *Preisuntergrenzen für den Holzverkauf über Forstamtsverträge ab 01. Jan. 2023.* Erfurt.

ThüringenForst AöR. (2023b). *Leistungsartenauswertung GJ 2022.* Erfurt.

TMLNU, FH Erfurt. (2008). DVD Holzernte in steilen und mittelsteilen Hanglagen - Dokumentation von Technik und Technologien. (TMLNU, Hrsg.) Erfurt.

Wald & Holz NRW. (2023). *Wuchsgebiet Westfälische Bucht.* Abgerufen am 22. 02. 2024 von https://www.wald-und-holz.nrw.de/fileadmin/Wald-und-Holz/Dokumente/ Wuchsgebiet_WestfaelischeBucht_Uebersicht.pdf

Walz, C. (2010). Das Ziel der Auslegung und die Rangfolge der Auslegungskriterien. *Zeitschrift für das Juristische Studium* (4/2010), S. 482-490.

Rechtsquellenverzeichnis

ABl. 2022/C 485/1. Mitteilung der Kommission. Rahmenregelung für staatliche Beihilfen im Agrar- und Forstsektor und in ländlichen Gebieten (2022C 485/1).

BEHG. Brennstoffemissionshandelsgesetz vom 12. Dezember 2019 (BGBl. I S. 2728), das zuletzt durch Artikel 7 des Gesetzes vom 22. Dezember 2023 (BGBl. 2023 I Nr. 412) geändert worden ist.

BGB. Bürgerliches Gesetzbuch in der Fassung der Bekanntmachung vom 2. Januar 2002 (BGBl. I S. 42, 2909; 2003 I S. 738), das zuletzt durch Artikel 34 Absatz 3 des Gesetzes vom 22. Dezember 2023 (BGBl. 2023 I Nr. 411) geändert worden ist.

BHO. Bundeshaushaltsordnung vom 19. August 1969 (BGBl. I S. 1284), die zuletzt durch Artikel 12 des Gesetzes vom 22. Dezember 2023 (BGBl. 2023 I Nr. 412) geändert worden ist.

BNatSchG. Bundesnaturschutzgesetz vom 29. Juli 2009 (BGBl. I S. 2542), das zuletzt durch Artikel 3 des Gesetzes vom 8. Dezember 2022 (BGBl. I S. 2240) geändert worden ist.

BWaldG. Bundeswaldgesetz vom 2. Mai 1975 (BGBl. I S. 1037), das zuletzt durch Artikel 112 des Gesetzes vom 10. August 22. Dezember 2023 (BGBl. 2023 I Nr. 412) geändert worden ist.

LFoG NRW. Landesforstgesetz für das Land Nordrhein-Westfalen (Landesforstgesetz - LFoG) in der Fassung der Bekanntmachung vom 24. April 1980 (GV. NW. S. 546) zuletzt geändert durch Artikel 3 des Gesetzes vom 25. März 2022 (GV. NRW. S. 360).

RL (EG) 92/43/EWG. Richtlinie 92/43/EWG des Rates vom 21. Mai 1992 zur Erhaltung der natürlichen Lebensräume sowie der wildlebenden Tiere und Pflanzen (ABl. L 206 vom

22.7.1992, S. 7) die zuletzt durch die RL 2006/105/EG des Rates vom 20. November 2006 geändert worden ist.

StGB. Strafgesetzbuch in der Fassung der Bekanntmachung vom 13. November 1998 (BGBl. I S. 3322), das zuletzt durch Artikel 1 des Gesetzes vom 26. Juli 2023 (BGBl. 2023 I Nr. 203) geändert worden ist.

UVPG. Gesetz über die Umweltverträglichkeitsprüfung in der Fassung der Bekanntmachung vom 18. März 2021 (BGBl. I S. 540), das zuletzt durch Artikel 10 des Gesetzes vom 22. Dezember 2023 (BGBl. 2023 I Nr. 409) geändert worden ist.

VO (EG) 338/97. Verordnung (EG) Nr. 338/97 des Rates vom 9. Dezember 1996 über den Schutz von Exemplaren wildlebender Tier- und Pflanzenarten durch Überwachung des Handels (ABl. L 1997/61/1) die zuletzt durch die VO (EU) Nr. 750/2013 der Kommission vom 29. Juli 2013 geändert worden ist.

VO (EU) 1143/2014. Verordnung (EU) Nr. 1143/2014 des Europäischen Parlaments und des Rates vom 22. Oktober 2014 über die Prävention und das Management der Einbringung und Ausbreitung invasiver gebietsfremder Arten.

VO (EU) 1305/2013. Verordnung (EU) Nr. 305/2013 des Europäischen Parlaments und des Rates vom 17. Dezember 2013 über die Förderung der ländlichen Entwicklung durch den Europäischen Landwirtschaftsfonds für die Entwicklung des ländlichen Raums (ELER) und zur Aufhebung der Verordnung (EG) Nr. 1698/2005.

VO (EU) 1407/2013. Verordnung (EU) Nr. 1407/2013 der Kommission vom 18. Dezember 2013 über die Anwendung der Artikel 107 und 108 des Vertrags über die Arbeitsweise der Europäischen Union auf De-minimis-Beihilfen.

VO (EU) 2021/1119. Verordnung (EU) 2021/1119 des Europäischen Parlaments und des Rates vom 30. Juni 2021 zur Schaffung des Rahmens für die Verwirklichung der Klimaneutralität und zur Änderung der Verordnungen (EG) Nr. 401/2009 und (EU) 2018/1999 („Europäisches Klimagesetz").

VO (EU) 2021/2115. Verordnung (EU) 2021/2115 des Europäischen Parlaments und des Rates vom 2. Dezember 2021 mit Vorschriften für die Unterstützung der von den Mitgliedstaaten im Rahmen der Gemeinsamen Agrarpolitik zu erstellenden und durch den Europäischen Garantiefonds für die Landwirtschaft (EGFL) und den Europäischen Landwirtschaftsfonds für die Entwicklung des ländlichen Raums (ELER) zu finanzierenden Strategiepläne (GAP-Strategiepläne) und zur Aufhebung der Verordnung (EU) Nr. 1305/2013 sowie der Verordnung (EU) Nr. 1307/2013.

VO (EU) 2022/2472. Verordnung (EU) 2022/2472 der Kommission vom 14. Dezember 2022 zur Feststellung der Vereinbarkeit bestimmter Gruppen von Beihilfen im Agrar- und Forstsektor und in ländlichen Gebieten mit dem Binnenmarkt in Anwendung der Artikel 107 und 108 des Vertrags über die Arbeitsweise der Europäischen Union.

VO (EU) 995/2010. Verordnung (EU) Nr. 995/2010 des Europäischen Parlaments und des Rates vom 20. Oktober 2010 über die Verpflichtungen von Marktteilnehmern, die Holz und Holzerzeugnisse in Verkehr bringen.

Anhang

Anhang 1: Forsteinrichtungsdaten der Teilfläche 51 c (AVH Forst, 2020)

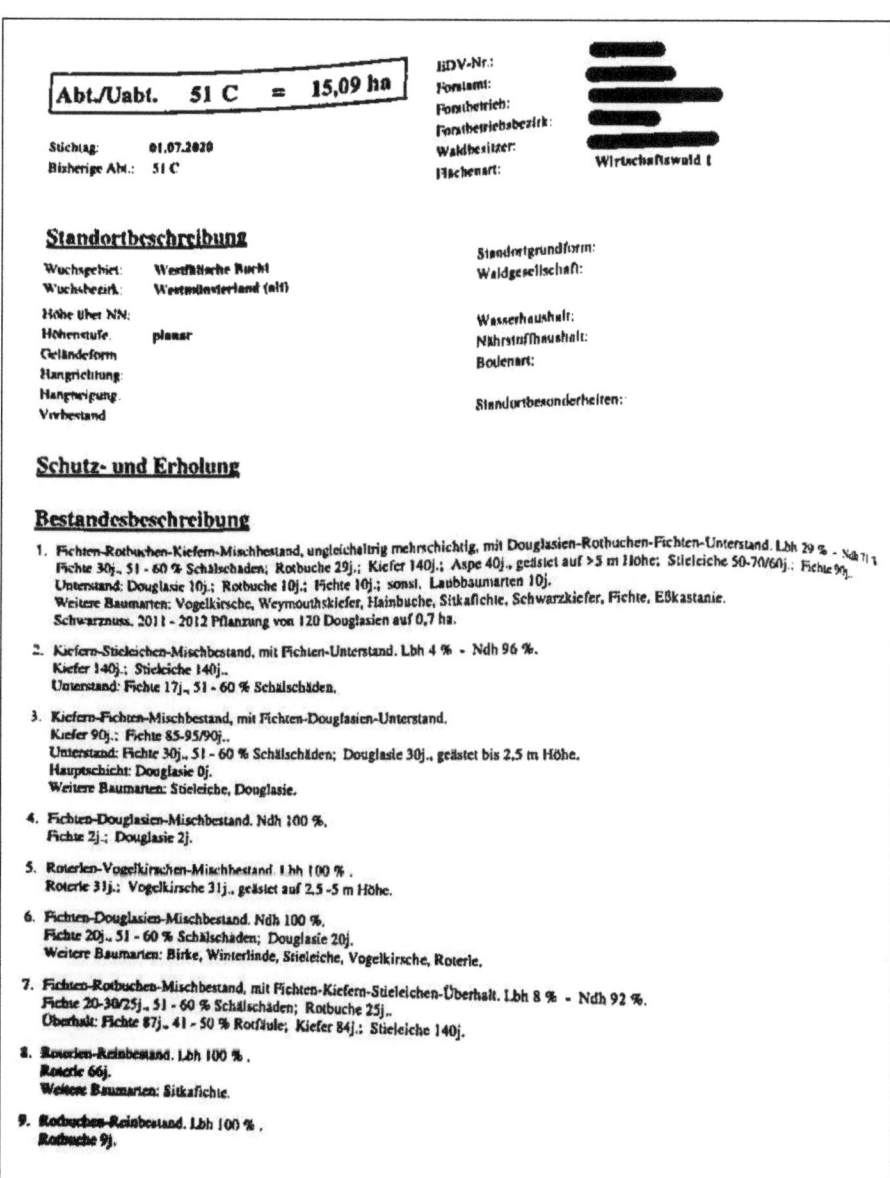

Abt./Uabt. 51 C = 15,09 ha

EDV-Nr.:
Forstamt:
Forstbetrieb:
Forstbetriebsbezirk:
Waldbesitzer:
Flächenart: Wirtschaftswald 1

Stichtag: 01.07.2020
Bisherige Abt.: 51 C

Standortbeschreibung

Wuchsgebiet: Westfälische Bucht
Wuchsbezirk: Westmünsterland (alt)

Höhe über NN:
Höhenstufe. planar
Geländeform
Hangrichtung:
Hangneigung.
Vorbestand

Standortgrundform:
Waldgesellschaft:

Wasserhaushalt:
Nährstoffhaushalt:
Bodenart:

Standortbesonderheiten:

Schutz- und Erholung

Bestandesbeschreibung

1. Fichten-Rotbuchen-Kiefern-Mischbestand, ungleichaltrig mehrschichtig, mit Douglasien-Rotbuchen-Fichten-Unterstand. Lbh 29 % - Ndh 71 %
   Fichte 30j., 51 - 60 % Schälschäden; Rotbuche 29j.; Kiefer 140j.; Aspe 40j., geästet auf >5 m Höhe; Stieleiche 50-70/60j.; Fichte 9%.
   Unterstand: Douglasie 10j.; Rotbuche 10j.; Fichte 10j.; sonst. Laubbaumarten 10j.
   Weitere Baumarten: Vogelkirsche, Weymouthskiefer, Hainbuche, Sitkafichte, Schwarzkiefer, Fichte, Eßkastanie.
   Schwarznuss. 2011 - 2012 Pflanzung von 120 Douglasien auf 0,7 ha.

2. Kiefern-Stieleichen-Mischbestand, mit Fichten-Unterstand. Lbh 4 % - Ndh 96 %.
   Kiefer 140j.; Stieleiche 140j..
   Unterstand: Fichte 17j., 51 - 60 % Schälschäden.

3. Kiefern-Fichten-Mischbestand, mit Fichten-Douglasien-Unterstand.
   Kiefer 90j.; Fichte 85-95/90j..
   Unterstand: Fichte 30j., 51 - 60 % Schälschäden; Douglasie 30j., geästet bis 2,5 m Höhe.
   Hauptschicht: Douglasie 0j.
   Weitere Baumarten: Stieleiche, Douglasie.

4. Fichten-Douglasien-Mischbestand. Ndh 100 %.
   Fichte 2j.; Douglasie 2j.

5. Roterlen-Vogelkirschen-Mischbestand. Lbh 100 % .
   Roterle 31j.; Vogelkirsche 31j., geästet auf 2,5 -5 m Höhe.

6. Fichten-Douglasien-Mischbestand. Ndh 100 %.
   Fichte 20j., 51 - 60 % Schälschäden; Douglasie 20j.
   Weitere Baumarten: Birke, Winterlinde, Stieleiche, Vogelkirsche, Roterle.

7. Fichten-Rotbuchen-Mischbestand, mit Fichten-Kiefern-Stieleichen-Überhalt. Lbh 8 % - Ndh 92 %.
   Fichte 20-30/25j., 51 - 60 % Schälschäden; Rotbuche 25j..
   Überhalt: Fichte 87j., 41 - 50 % Rotfäule; Kiefer 84j.; Stieleiche 140j.

8. Roterlen-Reinbestand. Lbh 100 % .
   Roterle 66j.
   Weitere Baumarten: Sitkafichte.

9. Rotbuchen-Reinbestand. Lbh 100 % .
   Rotbuche 9j.

EDV-Nr.: ▓▓▓▓▓
Forstamt: ▓▓▓▓▓
Forstbetrieb: ▓▓▓▓▓
Forstbetriebsbezirk: ▓▓▓▓▓
Waldbesitzer: ▓▓▓▓▓
Flächenart: Wirtschaftswald 1

Abt./Uabt.   51 C   =   15,09 ha

Stichtag: 01.07.2020

Baumart	Alter	-	+	Höhe m	EKL	BG	WZ	Fläche %	Fläche ha	Vorrat Efm o.R. je ha	Vorrat i.O.	Zuwachs Efm o.R. je ha	Zuwachs iG	N A	zu %	Nutzung Fläche	Efm o.R. je ha	Efm i.G.	Sonstige Maßnahmen
1 Fichte	30				II,0	1,0	3	53	4,51	70	316	11,0	50	V		4,51	50	226	
RBu	29				II,0	1,0	3	15	1,28			1,8	2	V		1,28	30	38	
Ki	140				II,5	1,0	3	20	1,71	261	446	2,7	5	E	100	1,71	275	470	
Aspe	40				II,5	1,0	2	5	0,43	254	109	3,1	1	V		0,43	40	17	
SEi	60	10	10		II,5	1,0	4	5	0,43	120	52	4,6	2	V		0,43	30	13	
Fichte	90				II,5	1,0	4	2	0,17	422	72	7,6	1	V		0,34	60	10	
Dou	10				II,5	1,0	3	20	(1,71)										
RBu	10				II,0	1,0	3	10	(0,85)										
Fichte	10				II,0	1,0	3	5	(0,43)			1,0							
soLb	10				II,0	1,0	3	5	(0,43)										
2 Ki	140				II,5	0,5	4	90	0,89	131	117	1,8	2	E	100	0,89	140	125	
SEi	140				II,5	0,5	4	10	0,10	131	13	2,2							
Fichte	17				II,0	0,9	3	90	(0,89)	4	4	5,0	4						L
3 Ki	90				II,0	0,7	3	90	2,12	197	418	3,9	8	V		2,12	30	64	
Fichte	90	5	5		II,0	0,7	3	5	0,12	330	40	7,4	1	V		0,12	60	7	
Fichte	30				II,5	0,9	3	75	(1,77)	41	73	9,4	17	V			60	106	
Dou	30				II,5	0,9	2	5	(0,12)	119	14	13,9	2	V			60	7	
Dou	0				II,0			5	0,12										
4 Fichte	2				II,0	1,0	3	51	0,42										J
Dou	2				II,0	1,0	3	49	0,41										J
5 REr	31				II,0	0,9	3	61	0,43	99	43	6,9	3	V		0,43	30	13	
VKir	31				II,0	0,9	2	39	0,28	5	1	2,8	1	V		0,28	30	8	
6 Fichte	20				1,5	1,0	3	79	0,42	21	9	9,5	4	V		0,42	50	21	
Dou	20				II,5	1,0	3	21	0,11	48	5	11,5	1						
7 Fichte	25	5	5		II,0	0,8	3	91	0,49	29	14	9,1	4	V		0,49	50	25	
RBu	25				II,0	0,8	3	9	0,05										L
Fichte	87				II,0	0,4	4	50	(0,27)	186	50	4,0	1						
Ki	84				II,0	0,4	4	45	(0,24)	108	26	2,6	1						
SEi	140				II,5	0,4	4	5	(0,03)	105	3	1,7							
8 REr	66				II,5	1,1	4	100	0,45	175	79	4,2	2	V		0,45	50	23	
9 RBu	9				II,0	1,0	3	100	0,15										
Summe:								15,09	126	1904	7,4	112						**1173**	

▓▓▓▓▓ Durchforstung, Rotbuche 1 x Durchforstung, Kiefer 1 x Endnutzung, Aspe 1 x Durchforstung, Stieleiche 1 x Durchforstung,
Bestand, Fichte ▓ Durchforstung Fichte Z-Baumbestand, Eingriffszeitpunkt optimal.
▓▓▓▓▓ Kiefer Verjüngungsnutzung.
▓▓▓▓▓ Fichte 1 x Durchforstung; Kiefer Konventionelle Bestandesbehandlung.
▓▓▓▓▓ Durchforstung, Douglasie 2 x Durchforstung.

bitte wenden >>

Seite :

Anhang 2: Forsteinrichtungsdaten der Teilfläche 63 d (AVH Forst, 2020)

| Abt./Uabt. | 63 D | = | 2,48 ha |

EDV-Nr.:	▬▬▬
Forstamt:	▬▬▬
Forstbetrieb:	▬▬▬▬
Forstbetriebsbezirk:	▬▬
Waldbesitzer:	▬▬▬▬
Flächenart:	**Wirtschaftswald I**

Stichtag: **01.07.2020**
Bisherige Abt.:   63 D

Standortbeschreibung

Wuchsgebiet:	Westfälische Bucht	Standortgrundform:	
Wuchsbezirk:	Westmünsterland (alt)	Waldgesellschaft:	
Höhe über NN:			
Höhenstufe:	planar	Wasserhaushalt:	
Geländeform:		Nährstoffhaushalt:	
Hangrichtung:		Bodenart:	
Hangneigung:			
Vorbestand:		Standortbesonderheiten:	

Schutz- und Erholung

Bestandesbeschreibung

1. Roterlen-Reinbestand. Lbh 100 % .
   Roterle 59j.
   Weitere Baumarten: Rotbuche, Bergahorn.

2. Roterlen-Bergahorn-Mischbestand. Lbh 100 % .
   Roterle 127j.; Bergahorn 50j.
   Weitere Baumarten: Stieleiche, Fichte, Aspe, Rotbuche.

EDV-Nr.: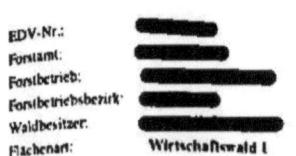
Forstamt:
Forstbetrieb:
Forstbetriebsbezirk:
Waldbesitzer:
Flächenart: Wirtschaftswald I

Abt./Uabt.	63 D	=	2,48 ha

Stichtag   01.07.2010

Raumart	Alter	Höhe	EKl.	BG	WZ	Zustand Fläche		Vorrat Efm o.R		Zuwachs Efm o.R		Planung Nutzung				Sonstige Maßnahmen
		m				%	ha	fm/ha	iG	fm/ha	iG	N/A	zu %	Efm o.R Fläche	fm/ha	iG	
1 REr	59	–	II.9	1,1	4	100	1,94	166	322	4,4	9	V		1,94	40	78	
2 REr	127	–	II.5	1,0	4	80	0,43	182	78	3,4	1	V		0,43	30	13	
BAh	50	–	II.0	1,0	4	20	0,11	100	11	7,8	1	V		0,11	40	4	
Summe:							2,48	166	411	4,4	11					95	

1   Bestand: Roterle 1 x Durchforstung, Roterle Dauerwald.

2. Bestand: Roterle 1 x Durchforstung, Bergahorn 1 x Durchforstung; Roterle Dauerwald.

Anhang 3: Forsteinrichtungsdaten der Teilfläche 79 a (AVH Forst, 2020)

Abt./Uabt.	79 A	=	10,35 ha

EDV-Nr.:
Forstamt:
Forstbetrieb:
Forstbetriebsbezirk:
Waldbesitzer:
Flächenart: **Wirtschaftswald 1**

Stichtag 01.07.2020
Bisherige Abt.: 79 A

Standortbeschreibung

Wuchsgebiet: **Westfälische Bucht**
Wuchsbezirk: **Westmünsterland (all)**

Höhe über NN
Höhenstufe: **planar**
Geländeform:
Hangrichtung:
Hangneigung:
Vorbestand:

Standortgrundform:
Waldgesellschaft:

Wasserhaushalt:
Nährstoffhaushalt:
Bodenart:

Standortbesonderheiten:

Schutz- und Erholung

Bestandesbeschreibung

1. Aspen-Birken-Stieleichen-Mischbestand. Lbh 100 % .
   Aspe 37j., geästet auf >5 m Höhe; Birke 48-68/58j.; Stieleiche 80-105/89j.
   Weitere Baumarten: Robinie, Weymouthskiefer, Stieleiche, Küstentanne, Europäische Lärche, Fichte, Rotbuche

2. Slaw. Eichen-Stieleichen-Winterlinden-Mischbestand. Lbh 100 % .
   Slaw. Eiche 7j.; Stieleiche 7j.; Winterlinde 7j.; Hainbuche 7j.; Vogelkirsche 7j.
   Weitere Baumarten: Küstentanne, Schwarzkiefer, Aspe, Riesenlebensbaum.
   Slawonische Eiche

3. Japanische Lärchen-Reinbestand. Ndh 100 %.
   Japanische Lärche 45j., geästet auf >5 m Höhe.
   Weitere Baumarten: Stieleiche.

4. Aspen-Stieleichen-Mischbestand, mit Birken-Aspen-Unterstand. Lbh 100 % .
   Aspe 45j., geästet auf >5 m Höhe; Stieleiche 100j..
   Unterstand: Birke 35-40/37j.; Aspe 10-20/15j., aus Naturverjüngung.

5. Fichten-Reinbestand, mit Rotbuchen-Unterstand. Lbh 45 % - Ndh 55 %.
   Fichte 71j., rindenbrütende Borkenkäfer.
   Unterstand: Rotbuche 9j.

6. Schwarzkiefern-Reinbestand. Ndh 100 %.
   Schwarzkiefer 66j., geästet auf >5 m Höhe.
   Weitere Baumarten: Rotbuche, Stieleiche,
   Einzelne Buchen und Winterlinden gepflanzt 2010/11

7. Sitkafichten-Stieleichen-Mischbestand. Lbh 11 % - Ndh 89 %.
   Sitkafichte 64j.; Stieleiche 64j.
   Weitere Baumarten: Stieleiche, Schwarzkiefer.

EDV-Nr.:
Forstamt:
Forstbetrieb:
Forstbetriebsbezirk:
Waldbesitzer:
Flächenart: Wirtschaftswald 1

Abt./Uabt.   79 A   =   10,35 ha

Stichtag   01.07.2020

Baumart	Alter			Höhe	EKL	RG	WZ	Fläche		Vorrat Efm o R.		Zuwachs Efm o R.		Planung						
		-	+	m				%	ha	je ha	i.G.	je ha	i.G.	N A	zu %	Fläche	Efm o R. je ha	i.G.	Sonstige Maßnahmen	
1 Aspe	37				III,0	0,7	2	70	3,17	149	472	4,3	14	V		3,17	30	95		
Bi	58	10	10		II,0	0,7	4	25	1,13	76	86	3,0	3	V		1,13	30	34		
SEi	89	9	16		II,0	0,7	4	5	0,23	147	34	4,4	1							
2 SlaEi	7				II,0	1,0	3	61	0,55											)
SEi	7				II,0	1,0	3	24	0,22											)
WLi	7				II,5	1,0	4	5	0,05											)
HBu	7				II,5	1,0	4	5	0,05											)
VKir	7				II,0	1,0	3	5	0,05											)
3 JLa	45				II,5	1,0	2	100	1,13	191	216	7,1	8	V		1,13	50	57		
4 Aspe	45				III,0	0,7	2	90	1,22	165	201	3,1	4	V		1,22	30	37		
SEi	100				II,5	1,0	5	10	0,14	208	29	4,2	1							
Bi	37	2	3		II,0	0,4	4	30	(0,41)	26	11	2,9	1							
Aspe	15	5	5		III,0	0,4	4	40	(0,54)	19	10	7,8	4							
5 Fichte	71				II,0	0,6	4	100	0,40	243	97	7,3	3	E	100	0,40	280	112		
RBu	9				II,0	0,5	4	100	(0,40)											
6 SKi	66				II,0	0,8	2	100	1,45	187	271	5,0	7	V		1,45	50	73		
7 SFi	64				II,0	0,6	4	89	0,50	218	109	8,0	4	V		0,50	40	20		
SEi	64				II,5	0,6	5	11	0,06	78	5	3,6								

Summe: **10,35** **149** **1541** **4,8** **50**   **428**

1   Bestand: Aspe 1 x Durchforstung, Birke 1 x Durchforstung; Aspe Konventionelle Bestandesbehandlung.

2   Bestand: Jungwuchspflege; Slaw. Eiche Kultur / NV gesichert.

3   Bestand: Japanische Lärche 1 x Durchforstung; Japanische Lärche Konventionelle Bestandesbehandlung.

4   Bestand: Aspe 1 x Durchforstung; Aspe Konventionelle Bestandesbehandlung.

5   Bestand: 1 x Endnutzung; Fichte Verjüngungsnutzung.

6   Bestand: Schwarzkiefer 1 x Durchforstung; Schwarzkiefer Z-Baumbestand, Folgeeingriff.

7   Bestand: Sitkafichte 1 x Durchforstung; Sitkafichte Konventionelle Bestandesbehandlung.

Anhang 4: Bestandesdaten aus der Flächenaufnahme des Bestandes 51 c^4

BA	Fichte	Douglasie	Kiefer	Birke	Σ
Alter	8	8	3	3	
Höhe	1,6	2,0	1,0	1,6	
Deckungsgrad	34,2	20,8	21,7	12,5	89
Bonität	30 (II)	39 (II)	24 (II)	25 (II)	
Mischungsform	2 Reihen	1 Reihe	einzeln	einzeln	
Gassen	-	-	-	-	

BA	Eiche
Alter	4
d	1
h	1,5
N/ha	2
Bonität	24 (II)
Mischungsform	einzeln

Anhang 5: Bestandesdaten aus der Flächenaufnahme des Bestandes 63 d^1

BA	Erle	Ahorn	Aspe	Buche
Alter	63	38	15	25
dg	27,8	16,5	9,6	11,9
hg	22,8	19,5	8,1	12,6
dmax	39,8	20,3	12,7	22,1
G	28,5	0,4	0,5	0,7
Bonität	24,6	-9	-9	-9
Schicht	I	I	II	II
Mischung	einzeln	Trupp	Trupp	Gruppe

BA	Ulme
Alter	63
d	42,1
h	25,2
N/ha	1
Bonität	-9
Mischungsform	einzeln

Anhang 6: Bestandesdaten aus der Flächenaufnahme des Bestandes 79 a^2

BA	Eiche	Buche	Birke	Aspe	Fichte
Alter	11	9	6	6	8
Höhe	5,2	3,8	3,9	3,8	2,4
Deckungsgrad	54,2	4,2	8	6,7	2
Bonität	24	-9	-9	-9	-9
Mischungsform	Reihe	einzeln	einzeln	einzeln	einzeln
Gassen	20 m 4 m Breite	20 m 4 m Breite	20 m 4 m Breite	20 m 4 m Breite	20 m 4 m Breite

Kiefer	Lärche	Linde	Kirsche	Hainbuche	Σ
10	11	11	11	11	
4,1	7,2	3,2	3,1	2,7	
2,2	0,9	1,9	0,7	2,1	**82,9**
-9	-9	-9	-9	-9	
einzeln	einzeln	einzeln	einzeln	einzeln	
20 m 4 m Breite	20 m 4 m Breite	20 m 4 m Breite	20 m 4 m Breite	20 m 4 m Breite	

Anhang 7: Zuwachsreduktionsfaktoren

BA[1)	Volumenschlussgrad [V°]							
	≤0,4	0,5	0,6	0,7	0,8	0,9	1	1,1
GFI	0,40	0,50	0,60	0,70	0,80	0,90	1,00	1,00
GKI	0,44	0,57	0,68	0,78	0,86	0,94	1,00	1,05
ELÄ	0,44	0,57	0,68	0,78	0,86	0,94	1,00	1,05
JLÄ	0,44	0,57	0,68	0,78	0,86	0,94	1,00	1,05
DGL	0,45	0,65	0,80	0,95	1,00	1,00	1,00	1,05
RBU	0,60	0,68	0,76	0,83	0,90	0,95	1,00	1,04
EI	0,50	0,66	0,80	0,90	0,94	1,00	1,00	1,00
REI	0,60	0,68	0,76	0,83	0,90	0,95	1,00	1,04
GBI	0,45	0,60	0,70	0,80	0,90	0,95	1,00	1,00
GES	0,40	0,50	0,60	0,70	0,80	0,90	1,00	1,00
RER	0,45	0,60	0,70	0,80	0,90	0,95	1,00	1,00
ROB	0,40	0,50	0,60	0,70	0,80	0,90	1,00	1,00
PAP	0,45	0,60	0,70	0,80	0,90	0,95	1,00	1,00

(Quelle unbekannt)

Anhang 8: Prognostische Kosten-Leistungs-Rechnung der Flächentypen innerhalb der Bindefrist der Förderrichtlinie

Fläche	Zuwachs I	Phase I	Nutzung I	Sortimente I	Menge	Preis	HEK I*	Vw-Kosten I	DB I	Bon	Alter II	dg II
	(Efm/ha)		(Efm/ha)		(Efm/ha)	(€/Efm)	(€/Efm)	(€/ha)	(€/ha/a)	(rel.)	(Jahre)	(cm)
63d1	44	JDf (80 %)	35,2					296,31	88,05			
(REr, dg 28 cm, BST Eiche)				REr 48 % SH 2b	16,896	85,00	42,09				II	73	34,6
				REr 39 % IS	13,728	75,00	42,09						
(BAh, dg 16,5 cm, BST Buche)										II	48	23,0
(As, dg 9,6 cm, BST Eiche)										II	25	19,2
(RBu, dg 11,9 cm)										II	35	19

* GHv, standortbedingt

Fläche	Zuwachs I	Phase I	Nutzung I	Sortimente I	Menge	Preis	HEK I*	Vw-Kosten I	DB I	Bon	Alter II
	(Efm/ha)		(Efm/ha)		(Efm/ha)	(€/Efm)	(€/Efm)	(€/ha)	(€/ha/a)	(rel.)	(Jahre)
51c4	-	JPf	-	-	-	-	-	-	-		
(Dgl, dg 2,0 cm)										II	18	11,9
(Fi, dg 1,8 cm)										II	18	7,3
(Bi, dg 1,0 cm, BST Buche)										II	13	8,61
(Kie, dg 1,0 cm)										II	13	4,9

Fläche	Zuwachs I	Phase I	Nutzung I	Sortimente I	Menge	Preis	HEK I*	Vw-Kosten I	DB I	Bon	Alter II
	(Efm/ha)		(Efm/ha)		(Efm/ha)	(€/Efm)	(€/Efm)	(€/ha)	(€/ha/a)	(rel.)	(Jahre)
79a2	-	JPf	-	-	-	-	-	-	-		
(Ei, dg 7 cm)			54,2							II	21	16,5
(RBu, dg 4 cm)			4,2							II	19	10,7
(Bi, dg 4 cm, BST Buche)			8							II	16	14,0
(As, dg 4 cm, BST Eiche)			6,7							II	16	25,5
(Fi, dg 2 cm)			2							II	18	7,3
(WLi, dg 3,5 cm, BST Buche)			1,9							II	21	8,3
(HBu, dg 3,5 cm, BST Buche)			2,1							II	21	8,3
(Ki, dg 4 cm)			2,2							II	20	6,9
(VKi, dg 3 cm, BST Buche)			0,7							II	21	5,0

VS° II	ZRF	Zuwachs II	Phase II	Nutzung II	Sortimente II	Menge	Preis	HEK II **	VwK II	DB II
		(Efm/ha)		*(Efm/ha)*		*(Efm/ha)*	*(€/Efm)*	*(€/Efm)*	*(€/ha)*	*(€/ha/a)*
			JDf (80 %)					42,09	281,66	99,50
1,76	1	43,934		35,146844	60 % BLH SH 2b	21,0881	85,00			
					28 % BLH IS	9,84112	70,00			
-	1	0,714		0,5715349	12 % BLH SH 2b	0,06858	85,00			
					80 % BLH IS	0,45723	75,00			
-	1	1,316		1,0524917	13 % WLH SH 1b	0,13682	85,00			
					68 % WLH IS	0,71569	75,00			
-	1	1,6		1,28	4 % RBu SH 2a	0,0512	90,00			
					86 % RBu IS	1,1008	85,00			
								** GHv, standortbedingt		

VS° II	ZRF	Zuwachs II	Phase II	Nutzung II	Sortimente II	Menge	Preis	HEK II **	VwK II	DB II
		(Efm/ha)		*(Efm/ha)*		*(Efm/ha)*	*(€/Efm)*	*(€/Efm)*	*(€/ha)*	*(€/ha/a)*
			JWP (25 %)					21,84	49,42	33,36
-	1	25,243		6,31072	89 % Dgl IS	5,61654	53,85			
-	1	25,116		6,27912	75 % Fi IS	4,70934	53,85			
-	1	5,000		1,25	79 % WLH IS	0,9875	75,00			
-	-	-		-	-	-	-	-	-	
								** Hv-Fw		

VS° II	ZRF	Zuwachs II	Phase II	Nutzung II	Sortimente II	Menge	Preis	HEK II **	VwK II	DB II
		(Efm/ha)		*(Efm/ha)*		*(Efm/ha)*	*(€/Efm)*	*(€/Efm)*	*(€/ha)*	*(€/ha/a)*
			JWP (25 %)					21,84	31,2804	30,98
-	1	18,73152		4,68288	7 % Ei SH 1b	0,3278	100,00			
					73 %Ei IS	3,4185	75,00			
-	1	1,9824		0,4956	81 % RBu IS	0,40144	85,00			
-	1	3,2		0,8	85 % BLH IS	0,68	75,00			
-	1	8,04536		2,01134	18 % WLH SH 2b	0,36204	60,00			
					72 % WLH IS	1,44816	45,00			
-	1	0,752		0,188	Fi 76 % IS	0,141	53,85			
-	1	0,8968		0,2242	81 % BLH IS	0,1816	75,00			
-	1	0,9912		0,2478	81 % BLH IS	0,20072	75,00			
-	1	-		-	-	-	-			
-	1	-		-	-	-	-			
								** Hv-Fw		

Anhang 9: Bestandesdaten aus der Simulation des Bestandes 51 c[4]

Bestand :51c4
Bestandesflaeche [ha] :1.0
Jahr :2024

Jahr :	Art	Alter	Dg	Hg	D100	H100	N/ha	G/ha	V/ha	aus.N/ha	aus.G/ha	aus.V/ha	Mort N/ha	Mort G/ha	Mort V/ha
2024	611	0	0.0	0.0	0.0	0.0	0.0	0.0	0.0	0.0	0.0	0.0	0.0	0.0	0.0
2024	711	0	0.0	0.0	0.0	0.0	0.0	0.0	0.0	0.0	0.0	0.0	0.0	0.0	0.0
2024	511	0	0.0	0.0	0.0	0.0	0.0	0.0	0.0	0.0	0.0	0.0	0.0	0.0	0.0
2024	411	0	0.0	0.0	0.0	0.0	0.0	0.0	0.0	0.0	0.0	0.0	0.0	0.0	0.0
2024	111	0	0.0	0.0	0.0	0.0	0.0	0.0	0.0	0.0	0.0	0.0	0.0	0.0	0.0

Bestand :51c4 5.1
Bestandesflaeche [ha] :1.0
Jahr :2044

Jahr :	Art	Alter	Dg	Hg	D100	H100	N/ha	G/ha	V/ha	aus.N/ha	aus.G/ha	aus.V/ha	Mort N/ha	Mort G/ha	Mort V/ha
2044	611	28	14.1	15.4	17.9	16.8	883.0	13.8	96.4	0.0	0.0	0.0	0.0	0.0	0.0
2044	511	28	8.6	8.5	10.4	9.8	1,071.0	6.2	19.0	0.0	0.0	0.0	0.0	0.0	0.0
2044	711	23	7.0	7.9	7.0	7.9	1.0	0.0	0.0	0.0	0.0	0.0	0.0	0.0	0.0
2044	411	23	8.7	10.8	9.6	11.6	241.0	1.4	5.1	0.0	0.0	0.0	0.0	0.0	0.0
2044	111	0	0.0	0.0	0.0	1.3	0.0	0.0	0.0	0.0	0.0	0.0	0.0	0.0	0.0

Bestand :51c4 5.2
Bestandesflaeche [ha] :1.0
Jahr :2044

Jahr :	Art	Alter	Dg	Hg	D100	H100	N/ha	G/ha	V/ha	aus.N/ha	aus.G/ha	aus.V/ha	Mort N/ha	Mort G/ha	Mort V/ha
2044	611	28	14.0	15.3	18.2	16.6	885.0	13.7	95.7	0.0	0.0	0.0	0.0	0.0	0.0
2044	511	28	8.6	8.5	10.5	9.8	1,069.0	6.2	19.1	0.0	0.0	0.0	0.0	0.0	0.0
2044	711	0	0.0	0.0	0.0	1.3	0.0	0.0	0.0	0.0	0.0	0.0	0.0	0.0	0.0
2044	411	23	8.7	10.8	9.8	11.7	234.0	1.4	4.9	0.0	0.0	0.0	0.0	0.0	0.0
2044	111	0	0.0	0.0	0.0	1.3	0.0	0.0	0.0	0.0	0.0	0.0	0.0	0.0	0.0

Bestand :51c4 5.3
Bestandesflaeche [ha] :1.0
Jahr :2044

Jahr :	Art	Alter	Dg	Hg	D100	H100	N/ha	G/ha	V/ha	aus.N/ha	aus.G/ha	aus.V/ha	Mort N/ha	Mort G/ha	Mort V/ha
2044	611	28	14.1	15.3	18.0	16.6	877.0	13.7	95.9	0.0	0.0	0.0	0.0	0.0	0.0
2044	511	28	8.6	8.5	10.2	9.6	1,067.0	6.2	19.0	0.0	0.0	0.0	0.0	0.0	0.0
2044	711	0	0.0	0.0	0.0	1.3	0.0	0.0	0.0	0.0	0.0	0.0	0.0	0.0	0.0
2044	411	23	8.8	10.8	9.9	11.6	242.0	1.5	5.2	0.0	0.0	0.0	0.0	0.0	0.0
2044	111	0	0.0	0.0	0.0	1.3	0.0	0.0	0.0	0.0	0.0	0.0	0.0	0.0	0.0

Bestand :51c4 5.4
Bestandesflaeche [ha] :1.0
Jahr :2044

Jahr :	Art	Alter	Dg	Hg	D100	H100	N/ha	G/ha	V/ha	aus.N/ha	aus.G/ha	aus.V/ha	Mort N/ha	Mort G/ha	Mort V/ha
2044	611	28	14.0	15.4	17.9	16.6	875.0	13.5	94.5	0.0	0.0	0.0	0.0	0.0	0.0
2044	511	28	8.6	8.5	10.3	9.7	1,071.0	6.2	18.9	0.0	0.0	0.0	0.0	0.0	0.0
2044	711	0	0.0	0.0	0.0	1.3	0.0	0.0	0.0	0.0	0.0	0.0	0.0	0.0	0.0
2044	411	23	8.8	10.8	9.7	11.7	242.0	1.5	5.2	0.0	0.0	0.0	0.0	0.0	0.0
2044	111	0	0.0	0.0	0.0	1.3	0.0	0.0	0.0	0.0	0.0	0.0	0.0	0.0	0.0

Bestand :51c4 5.5
Bestandesflaeche [ha] :1.0
Jahr :2044

Jahr :	Art	Alter	Dg	Hg	D100	H100	N/ha	G/ha	V/ha	aus.N/ha	aus.G/ha	aus.V/ha	Mort N/ha	Mort G/ha	Mort V/ha
2044	611	28	14.0	15.4	18.0	16.6	877.0	13.6	95.2	0.0	0.0	0.0	0.0	0.0	0.0
2044	511	28	8.6	8.5	10.1	9.6	1,069.0	6.2	19.0	0.0	0.0	0.0	0.0	0.0	0.0
2044	711	0	0.0	0.0	0.0	1.3	0.0	0.0	0.0	0.0	0.0	0.0	0.0	0.0	0.0
2044	411	23	8.7	10.8	9.7	11.7	268.0	1.6	5.6	0.0	0.0	0.0	0.0	0.0	0.0
2044	111	0	0.0	0.0	0.0	1.3	0.0	0.0	0.0	0.0	0.0	0.0	0.0	0.0	0.0

Bestand :51c4 20.1
Bestandesflaeche [ha] :1.0
Jahr :2044

Jahr :	Art	Alter	Dg	Hg	D100	H100	N/ha	G/ha	V/ha	aus.N/ha	aus.G/ha	aus.V/ha	Mort N/ha	Mort G/ha	Mort V/ha
2044	611	28	13.9	14.7	17.9	15.9	875.0	13.3	88.4	0.0	0.0	0.0	0.0	0.0	0.0
2044	511	28	8.6	8.5	10.3	9.7	1,068.0	6.2	19.1	0.0	0.0	0.0	0.0	0.0	0.0
2044	711	0	0.0	0.0	0.0	1.3	0.0	0.0	0.0	0.0	0.0	0.0	0.0	0.0	0.0
2044	411	23	8.7	10.8	9.7	11.6	235.0	1.4	4.9	0.0	0.0	0.0	0.0	0.0	0.0
2044	111	0	0.0	0.0	0.0	1.3	0.0	0.0	0.0	0.0	0.0	0.0	0.0	0.0	0.0

Bestand :51c4 20.2
Bestandesflaeche [ha] :1.0
Jahr :2044

Jahr :	Art	Alter	Dg	Hg	D100	H100	N/ha	G/ha	V/ha	aus.N/ha	aus.G/ha	aus.V/ha	Mort N/ha	Mort G/ha	Mort V/ha
2044	611	28	13.9	14.6	17.7	15.8	871.0	13.1	87.4	0.0	0.0	0.0	0.0	0.0	0.0
2044	511	28	8.6	8.5	9.8	9.4	1,071.0	6.2	18.8	0.0	0.0	0.0	0.0	0.0	0.0
2044	711	0	0.0	0.0	0.0	1.3	0.0	0.0	0.0	0.0	0.0	0.0	0.0	0.0	0.0
2044	411	23	8.7	10.8	9.8	11.7	232.0	1.4	4.9	0.0	0.0	0.0	0.0	0.0	0.0
2044	111	0	0.0	0.0	0.0	1.3	0.0	0.0	0.0	0.0	0.0	0.0	0.0	0.0	0.0

Bestand :51c4 20.3
Bestandesflaeche [ha] :1.0
Jahr :2044

Jahr :	Art	Alter	Dg	Hg	D100	H100	N/ha	G/ha	V/ha	aus.N/ha	aus.G/ha	aus.V/ha	Mort N/ha	Mort G/ha	Mort V/ha
2044	611	28	13.8	14.7	17.5	15.8	877.0	13.1	87.5	0.0	0.0	0.0	0.0	0.0	0.0
2044	511	28	8.6	8.5	10.4	9.7	1,070.0	6.3	19.2	0.0	0.0	0.0	0.0	0.0	0.0
2044	711	0	0.0	0.0	0.0	1.3	0.0	0.0	0.0	0.0	0.0	0.0	0.0	0.0	0.0
2044	411	23	8.7	10.8	9.8	11.7	230.0	1.4	4.8	0.0	0.0	0.0	0.0	0.0	0.0
2044	111	0	0.0	0.0	0.0	1.3	0.0	0.0	0.0	0.0	0.0	0.0	0.0	0.0	0.0

Bestand :51c4 20.4
Bestandesflaeche [ha] :1.0
Jahr :2044

Jahr :	Art	Alter	Dg	Hg	D100	H100	N/ha	G/ha	V/ha	aus.N/ha	aus.G/ha	aus.V/ha	Mort N/ha	Mort G/ha	Mort V/ha
2044	611	28	13.7	14.6	17.3	15.8	882.0	12.9	85.8	0.0	0.0	0.0	0.0	0.0	0.0
2044	511	28	8.6	8.5	10.2	9.6	1,064.0	6.2	19.1	0.0	0.0	0.0	0.0	0.0	0.0
2044	711	23	7.1	8.0	7.1	8.0	1.0	0.0	0.0	0.0	0.0	0.0	0.0	0.0	0.0
2044	411	23	8.8	10.8	10.1	11.6	237.0	1.4	5.1	0.0	0.0	0.0	0.0	0.0	0.0
2044	111	0	0.0	0.0	0.0	1.3	0.0	0.0	0.0	0.0	0.0	0.0	0.0	0.0	0.0

Bestand :51c4 20.5
Bestandesflaeche [ha] :1.0
Jahr :2044

Jahr :	Art	Alter	Dg	Hg	D100	H100	N/ha	G/ha	V/ha	aus.N/ha	aus.G/ha	aus.V/ha	Mort N/ha	Mort G/ha	Mort V/ha
2044	611	28	13.8	14.6	17.6	15.8	878.0	13.1	87.2	0.0	0.0	0.0	0.0	0.0	0.0
2044	511	28	8.6	8.5	10.4	9.7	1,066.0	6.2	19.2	0.0	0.0	0.0	0.0	0.0	0.0
2044	711	0	0.0	0.0	0.0	1.3	0.0	0.0	0.0	0.0	0.0	0.0	0.0	0.0	0.0
2044	411	23	8.7	10.7	9.9	11.7	229.0	1.4	4.8	0.0	0.0	0.0	0.0	0.0	0.0
2044	111	0	0.0	0.0	0.0	1.3	0.0	0.0	0.0	0.0	0.0	0.0	0.0	0.0	0.0

Anhang 10: Bestandesdaten aus der Simulation des Bestandes 63 d[1]

Bestand :63d1
Bestandesflaeche [ha] :1.0
Jahr :2024

Jahr :	Art	Alter	Dg	Hg	D100	H100	N/ha	G/ha	V/ha	aus.N/ha	aus.G/ha	aus.V/ha	Mort N/ha	Mort G/ha	Mort V/ha
2024	421	63	26.9	22.7	33.7	23.5	500.0	28.5	309.6	0.0	0.0	0.0	0.0	0.0	0.0
2024	431	15	8.8	7.8	11.5	8.7	82.0	0.5	1.4	0.0	0.0	0.0	0.0	0.0	0.0
2024	321	38	14.3	18.5	19.7	20.7	25.0	0.4	3.6	0.0	0.0	0.0	0.0	0.0	0.0
2024	211	25	9.7	11.0	14.3	14.1	95.0	0.7	3.2	0.0	0.0	0.0	0.0	0.0	0.0
2024	332	63	42.1	25.2	42.1	25.2	1.0	0.1	1.7	0.0	0.0	0.0	0.0	0.0	0.0

Bestand :63d1 5.1
Bestandesflaeche [ha] :1.0
Jahr :2044

Jahr :	Art	Alter	Dg	Hg	D100	H100	N/ha	G/ha	V/ha	aus.N/ha	aus.G/ha	aus.V/ha	Mort N/ha	Mort G/ha	Mort V/ha
2044	421	83	30.3	25.0	35.0	25.6	480.0	34.6	412.5	0.0	0.0	0.0	0.0	0.0	0.0
2044	431	30	0.0	0.0	0.0	1.3	0.0	0.0	0.0	0.0	0.0	0.0	0.0	0.0	0.0
2044	321	58	21.4	23.8	29.1	26.1	21.0	0.8	9.2	0.0	0.0	0.0	0.0	0.0	0.0
2044	211	45	18.0	24.6	27.5	27.8	43.0	1.1	13.0	0.0	0.0	0.0	0.0	0.0	0.0
2044	451	0	0.0	0.0	0.0	1.3	0.0	0.0	0.0	0.0	0.0	0.0	0.0	0.0	0.0
2044	332	83	54.7	30.3	54.7	30.3	1.0	0.2	3.6	0.0	0.0	0.0	0.0	0.0	0.0
2044	411	0	0.0	0.0	0.0	1.3	0.0	0.0	0.0	0.0	0.0	0.0	0.0	0.0	0.0
2044	452	0	0.0	0.0	0.0	1.3	0.0	0.0	0.0	0.0	0.0	0.0	0.0	0.0	0.0

Bestand :63d1 5.2
Bestandesflaeche [ha] :1.0
Jahr :2044

Jahr :	Art	Alter	Dg	Hg	D100	H100	N/ha	G/ha	V/ha	aus.N/ha	aus.G/ha	aus.V/ha	Mort N/ha	Mort G/ha	Mort V/ha
2044	421	83	30.3	25.0	34.9	25.6	475.0	34.3	408.6	0.0	0.0	0.0	0.0	0.0	0.0
2044	431	25	0.0	0.0	0.0	1.3	0.0	0.0	0.0	0.0	0.0	0.0	0.0	0.0	0.0
2044	321	58	21.7	23.8	27.7	26.0	20.0	0.7	8.9	0.0	0.0	0.0	0.0	0.0	0.0
2044	211	45	18.0	24.3	26.3	27.4	42.0	1.1	12.5	0.0	0.0	0.0	0.0	0.0	0.0
2044	451	0	0.0	0.0	0.0	1.3	0.0	0.0	0.0	0.0	0.0	0.0	0.0	0.0	0.0
2044	332	83	52.8	30.3	52.8	30.3	1.0	0.2	3.3	0.0	0.0	0.0	0.0	0.0	0.0
2044	111	0	0.0	0.0	0.0	1.3	0.0	0.0	0.0	0.0	0.0	0.0	0.0	0.0	0.0

Bestand :63dl 5.3
Bestandesflaeche [ha] :1.0
Jahr :2044

Jahr :	Art	Alter	Dg	Hg	D100	H100	N/ha	G/ha	V/ha	aus.N/ha	aus.G/ha	aus.V/ha	Mort N/ha	Mort G/ha	Mort V/ha
2044	421	83	30.2	25.0	34.8	25.6	480.0	34.4	410.6	0.0	0.0	0.0	0.0	0.0	0.0
2044	431	25	0.0	0.0	0.0	1.3	0.0	0.0	0.0	0.0	0.0	0.0	0.0	0.0	0.0
2044	211	45	18.5	24.2	27.0	27.0	43.0	1.2	13.6	0.0	0.0	0.0	0.0	0.0	0.0
2044	321	58	21.8	23.7	27.8	25.7	21.0	0.8	9.4	0.0	0.0	0.0	0.0	0.0	0.0
2044	411	0	0.0	0.0	0.0	1.3	0.0	0.0	0.0	0.0	0.0	0.0	0.0	0.0	0.0
2044	451	0	0.0	0.0	0.0	1.3	0.0	0.0	0.0	0.0	0.0	0.0	0.0	0.0	0.0
2044	332	83	55.5	30.4	55.5	30.4	1.0	0.2	3.7	0.0	0.0	0.0	0.0	0.0	0.0

Bestand :63dl 5.4
Bestandesflaeche [ha] :1.0
Jahr :2044

Jahr :	Art	Alter	Dg	Hg	D100	H100	N/ha	G/ha	V/ha	aus.N/ha	aus.G/ha	aus.V/ha	Mort N/ha	Mort G/ha	Mort V/ha
2044	421	83	30.3	25.0	34.9	25.6	479.0	34.5	411.1	0.0	0.0	0.0	0.0	0.0	0.0
2044	431	25	0.0	0.0	0.0	1.3	0.0	0.0	0.0	0.0	0.0	0.0	0.0	0.0	0.0
2044	321	58	21.5	23.5	28.9	26.2	21.0	0.8	9.1	0.0	0.0	0.0	0.0	0.0	0.0
2044	211	45	18.7	24.6	28.5	27.4	44.0	1.2	14.5	0.0	0.0	0.0	0.0	0.0	0.0
2044	451	0	0.0	0.0	0.0	1.3	0.0	0.0	0.0	0.0	0.0	0.0	0.0	0.0	0.0
2044	332	83	53.7	30.4	53.7	30.4	1.0	0.2	3.5	0.0	0.0	0.0	0.0	0.0	0.0

Bestand :63dl 5.5
Bestandesflaeche [ha] :1.0
Jahr :2044

Jahr :	Art	Alter	Dg	Hg	D100	H100	N/ha	G/ha	V/ha	aus.N/ha	aus.G/ha	aus.V/ha	Mort N/ha	Mort G/ha	Mort V/ha
2044	421	83	30.2	25.0	34.9	25.6	483.0	34.7	413.4	0.0	0.0	0.0	0.0	0.0	0.0
2044	431	25	0.0	0.0	0.0	1.3	0.0	0.0	0.0	0.0	0.0	0.0	0.0	0.0	0.0
2044	321	58	21.4	23.6	30.1	26.0	22.0	0.8	9.5	0.0	0.0	0.0	0.0	0.0	0.0
2044	211	45	18.0	24.3	24.5	26.7	42.0	1.1	12.5	0.0	0.0	0.0	0.0	0.0	0.0
2044	451	0	0.0	0.0	0.0	1.3	0.0	0.0	0.0	0.0	0.0	0.0	0.0	0.0	0.0
2044	332	83	53.3	30.3	53.3	30.3	1.0	0.2	3.4	0.0	0.0	0.0	0.0	0.0	0.0
2044	411	0	0.0	0.0	0.0	1.3	0.0	0.0	0.0	0.0	0.0	0.0	0.0	0.0	0.0

Bestand :63d1 20.1
Bestandesflaeche [ha] :1.0
Jahr :2044

Jahr :	Art	Alter	Dg	Hg	D100	H100	N/ha	G/ha	V/ha	aus.N/ha	aus.G/ha	aus.V/ha	Mort N/ha	Mort G/ha	Mort V/ha
2044	332	83	52.9	30.3	52.9	30.3	1.0	0.2	3.4	0.0	0.0	0.0	0.0	0.0	0.0
2044	421	83	30.3	25.0	34.9	25.6	473.0	34.2	407.6	0.0	0.0	0.0	0.0	0.0	0.0
2044	321	58	21.4	22.9	28.3	25.3	23.0	0.8	9.7	0.0	0.0	0.0	0.0	0.0	0.0
2044	211	45	18.4	23.3	24.9	25.6	43.0	1.1	12.8	0.0	0.0	0.0	0.0	0.0	0.0
2044	431	25	0.0	0.0	0.0	1.3	0.0	0.0	0.0	0.0	0.0	0.0	0.0	0.0	0.0
2044	411	0	0.0	0.0	0.0	1.3	0.0	0.0	0.0	0.0	0.0	0.0	0.0	0.0	0.0
2044	451	0	0.0	0.0	0.0	1.3	0.0	0.0	0.0	0.0	0.0	0.0	0.0	0.0	0.0

Bestand :63d1 20.2
Bestandesflaeche [ha] :1.0
Jahr :2044

Jahr :	Art	Alter	Dg	Hg	D100	H100	N/ha	G/ha	V/ha	aus.N/ha	aus.G/ha	aus.V/ha	Mort N/ha	Mort G/ha	Mort V/ha
2044	421	83	30.3	25.0	34.9	25.6	482.0	34.7	413.8	0.0	0.0	0.0	0.0	0.0	0.0
2044	431	25	0.0	0.0	0.0	1.3	0.0	0.0	0.0	0.0	0.0	0.0	0.0	0.0	0.0
2044	411	0	0.0	0.0	0.0	1.3	0.0	0.0	0.0	0.0	0.0	0.0	0.0	0.0	0.0
2044	321	58	20.9	22.7	27.3	24.9	22.0	0.8	8.7	0.0	0.0	0.0	0.0	0.0	0.0
2044	211	45	17.6	21.9	26.0	24.9	40.0	1.0	10.4	0.0	0.0	0.0	0.0	0.0	0.0
2044	451	0	0.0	0.0	0.0	1.3	0.0	0.0	0.0	0.0	0.0	0.0	0.0	0.0	0.0
2044	332	83	55.3	30.3	55.3	30.3	1.0	0.2	3.7	0.0	0.0	0.0	0.0	0.0	0.0

Bestand :63d1 20.3
Bestandesflaeche [ha] :1.0
Jahr :2044

Jahr :	Art	Alter	Dg	Hg	D100	H100	N/ha	G/ha	V/ha	aus.N/ha	aus.G/ha	aus.V/ha	Mort N/ha	Mort G/ha	Mort V/ha
2044	421	83	30.2	25.0	35.0	25.6	482.0	34.6	412.4	0.0	0.0	0.0	0.0	0.0	0.0
2044	431	25	0.0	0.0	0.0	1.3	0.0	0.0	0.0	0.0	0.0	0.0	0.0	0.0	0.0
2044	321	58	21.0	23.0	27.1	25.1	20.0	0.7	8.1	0.0	0.0	0.0	0.0	0.0	0.0
2044	211	45	17.9	23.1	26.3	25.7	43.0	1.1	12.1	0.0	0.0	0.0	0.0	0.0	0.0
2044	332	83	57.9	30.3	57.9	30.3	1.0	0.3	4.0	0.0	0.0	0.0	0.0	0.0	0.0
2044	451	0	0.0	0.0	0.0	1.3	0.0	0.0	0.0	0.0	0.0	0.0	0.0	0.0	0.0

Bestand :63d1 20.4
Bestandesflaeche [ha] :1.0
Jahr :2044

Jahr :	Art	Alter	Dg	Hg	D100	H100	N/ha	G/ha	V/ha	aus.N/ha	aus.G/ha	aus.V/ha	Mort N/ha	Mort G/ha	Mort V/ha
2044	421	83	30.2	25.0	34.8	25.6	478.0	34.3	409.2	0.0	0.0	0.0	0.0	0.0	0.0
2044	431	25	0.0	0.0	0.0	1.3	0.0	0.0	0.0	0.0	0.0	0.0	0.0	0.0	0.0
2044	211	45	17.5	23.3	23.7	25.3	43.0	1.0	11.6	0.0	0.0	0.0	0.0	0.0	0.0
2044	321	58	21.3	23.0	28.4	25.2	22.0	0.8	9.2	0.0	0.0	0.0	0.0	0.0	0.0
2044	451	0	0.0	0.0	0.0	1.3	0.0	0.0	0.0	0.0	0.0	0.0	0.0	0.0	0.0
2044	332	83	53.1	30.2	53.1	30.2	1.0	0.2	3.4	0.0	0.0	0.0	0.0	0.0	0.0

Bestand :63d1 20.5
Bestandesflaeche [ha] :1.0
Jahr :2044

Jahr :	Art	Alter	Dg	Hg	D100	H100	N/ha	G/ha	V/ha	aus.N/ha	aus.G/ha	aus.V/ha	Mort N/ha	Mort G/ha	Mort V/ha
2044	421	83	30.4	25.0	34.9	25.6	477.0	34.5	411.5	0.0	0.0	0.0	0.0	0.0	0.0
2044	431	25	0.0	0.0	0.0	1.3	0.0	0.0	0.0	0.0	0.0	0.0	0.0	0.0	0.0
2044	211	45	17.7	21.7	24.5	24.2	41.0	1.0	10.5	0.0	0.0	0.0	0.0	0.0	0.0
2044	321	58	20.1	22.6	25.7	24.7	21.0	0.7	7.7	0.0	0.0	0.0	0.0	0.0	0.0
2044	451	0	0.0	0.0	0.0	1.3	0.0	0.0	0.0	0.0	0.0	0.0	0.0	0.0	0.0
2044	332	83	56.0	30.3	56.0	30.3	1.0	0.2	3.8	0.0	0.0	0.0	0.0	0.0	0.0

Anhang 11: Bestandesdaten aus der Simulation des Bestandes 79 a^2

Bestand :79a2
Bestandesflaeche [ha] :1.0
Jahr :2024

Jahr :	Art	Alter	Dg	Hg	D100	H100	N/ha	G/ha	V/ha	aus.N/ha	aus.G/ha	aus.V/ha	Mort N/ha	Mort G/ha	Mort V/ha
2024	110	0	0.0	0.0	0.0	1.3	0.0	0.0	0.0	0.0	0.0	0.0	0.0	0.0	0.0
2024	411	0	0.0	0.0	0.0	1.3	0.0	0.0	0.0	0.0	0.0	0.0	0.0	0.0	0.0
2024	711	0	0.0	0.0	0.0	1.3	0.0	0.0	0.0	0.0	0.0	0.0	0.0	0.0	0.0
2024	354	0	0.0	0.0	0.0	1.3	0.0	0.0	0.0	0.0	0.0	0.0	0.0	0.0	0.0
2024	431	0	0.0	0.0	0.0	1.3	0.0	0.0	0.0	0.0	0.0	0.0	0.0	0.0	0.0
2024	511	0	0.0	0.0	0.0	1.3	0.0	0.0	0.0	0.0	0.0	0.0	0.0	0.0	0.0
2024	211	0	0.0	0.0	0.0	1.3	0.0	0.0	0.0	0.0	0.0	0.0	0.0	0.0	0.0
2024	221	0	0.0	0.0	0.0	1.3	0.0	0.0	0.0	0.0	0.0	0.0	0.0	0.0	0.0
2024	342	0	0.0	0.0	0.0	1.3	0.0	0.0	0.0	0.0	0.0	0.0	0.0	0.0	0.0
2024	810	11	12.2	8.8	12.2	8.8	1.0	0.0	0.1	0.0	0.0	0.0	0.0	0.0	0.0

Bestand :79a2 5.1
Bestandesflaeche [ha] :1.0
Jahr :2044

Jahr :	Art	Alter	Dg	Hg	D100	H100	N/ha	G/ha	V/ha	aus.N/ha	aus.G/ha	aus.V/ha	Mort N/ha	Mort G/ha	Mort V/ha
2044	110	31	10.0	12.7	11.8	13.2	1,933.0	15.1	80.3	0.0	0.0	0.0	0.0	0.0	0.0
2044	411	26	10.4	12.1	11.0	12.6	23.0	0.2	0.9	0.0	0.0	0.0	0.0	0.0	0.0
2044	711	25	0.0	0.0	0.0	1.3	0.0	0.0	0.0	0.0	0.0	0.0	0.0	0.0	0.0
2044	354	0	0.0	0.0	0.0	1.3	0.0	0.0	0.0	0.0	0.0	0.0	0.0	0.0	0.0
2044	451	0	0.0	0.0	0.0	1.3	0.0	0.0	0.0	0.0	0.0	0.0	0.0	0.0	0.0
2044	431	26	16.4	13.3	18.6	13.0	141.0	3.0	15.4	0.0	0.0	0.0	0.0	0.0	0.0
2044	511	28	7.1	7.2	7.2	7.2	2.0	0.0	0.0	0.0	0.0	0.0	0.0	0.0	0.0
2044	211	0	0.0	0.0	0.0	1.3	0.0	0.0	0.0	0.0	0.0	0.0	0.0	0.0	0.0
2044	221	0	0.0	0.0	0.0	1.3	0.0	0.0	0.0	0.0	0.0	0.0	0.0	0.0	0.0
2044	999	0	0.0	0.0	0.0	1.3	0.0	0.0	0.0	0.0	0.0	0.0	0.0	0.0	0.0
2044	342	0	0.0	0.0	0.0	1.3	0.0	0.0	0.0	0.0	0.0	0.0	0.0	0.0	0.0
2044	112	0	0.0	0.0	0.0	1.3	0.0	0.0	0.0	0.0	0.0	0.0	0.0	0.0	0.0
2044	810	31	25.9	18.8	25.9	18.8	1.0	0.1	0.4	0.0	0.0	0.0	0.0	0.0	0.0

Bestand :79a2 5.2
Bestandesflaeche [ha] :1.0
Jahr :2044

Jahr :	Art	Alter	Dg	Hg	D100	H100	N/ha	G/ha	V/ha	aus.N/ha	aus.G/ha	aus.V/ha	Mort N/ha	Mort G/ha	Mort V/ha
2044	110	31	10.0	12.7	11.9	13.3	1,920.0	14.9	79.0	0.0	0.0	0.0	0.0	0.0	0.0
2044	411	26	10.5	12.3	11.8	13.3	22.0	0.2	0.9	0.0	0.0	0.0	0.0	0.0	0.0
2044	711	30	9.8	11.1	9.8	11.1	1.0	0.0	0.0	0.0	0.0	0.0	0.0	0.0	0.0
2044	354	0	0.0	0.0	0.0	1.3	0.0	0.0	0.0	0.0	0.0	0.0	0.0	0.0	0.0
2044	431	26	16.3	13.5	18.9	13.2	138.0	2.9	15.1	0.0	0.0	0.0	0.0	0.0	0.0
2044	451	0	0.0	0.0	0.0	1.3	0.0	0.0	0.0	0.0	0.0	0.0	0.0	0.0	0.0
2044	511	28	7.1	7.1	7.1	7.1	1.0	0.0	0.0	0.0	0.0	0.0	0.0	0.0	0.0
2044	211	0	0.0	0.0	0.0	1.3	0.0	0.0	0.0	0.0	0.0	0.0	0.0	0.0	0.0
2044	221	0	0.0	0.0	0.0	1.3	0.0	0.0	0.0	0.0	0.0	0.0	0.0	0.0	0.0
2044	999	0	0.0	0.0	0.0	1.3	0.0	0.0	0.0	0.0	0.0	0.0	0.0	0.0	0.0
2044	342	31	7.0	13.6	7.0	13.6	1.0	0.0	0.0	0.0	0.0	0.0	0.0	0.0	0.0
2044	112	0	0.0	0.0	0.0	1.3	0.0	0.0	0.0	0.0	0.0	0.0	0.0	0.0	0.0
2044	810	31	26.3	18.8	26.3	18.8	1.0	0.1	0.5	0.0	0.0	0.0	0.0	0.0	0.0

Bestand :79a2 5.3
Bestandesflaeche [ha] :1.0
Jahr :2044

Jahr :	Art	Alter	Dg	Hg	D100	H100	N/ha	G/ha	V/ha	aus.N/ha	aus.G/ha	aus.V/ha	Mort N/ha	Mort G/ha	Mort V/ha
2044	110	31	10.0	12.7	11.9	13.3	1,921.0	15.0	79.2	0.0	0.0	0.0	0.0	0.0	0.0
2044	411	26	10.2	12.0	11.5	13.0	28.0	0.2	1.0	0.0	0.0	0.0	0.0	0.0	0.0
2044	711	30	8.3	11.0	8.4	11.0	2.0	0.0	0.0	0.0	0.0	0.0	0.0	0.0	0.0
2044	354	0	0.0	0.0	0.0	1.3	0.0	0.0	0.0	0.0	0.0	0.0	0.0	0.0	0.0
2044	431	26	16.4	13.4	18.7	13.1	139.0	3.0	15.4	0.0	0.0	0.0	0.0	0.0	0.0
2044	112	0	0.0	0.0	0.0	1.3	0.0	0.0	0.0	0.0	0.0	0.0	0.0	0.0	0.0
2044	511	28	7.1	7.0	7.1	7.0	3.0	0.0	0.0	0.0	0.0	0.0	0.0	0.0	0.0
2044	211	0	0.0	0.0	0.0	1.3	0.0	0.0	0.0	0.0	0.0	0.0	0.0	0.0	0.0
2044	221	0	0.0	0.0	0.0	1.3	0.0	0.0	0.0	0.0	0.0	0.0	0.0	0.0	0.0
2044	342	31	7.2	13.6	7.2	13.6	1.0	0.0	0.0	0.0	0.0	0.0	0.0	0.0	0.0
2044	999	0	0.0	0.0	0.0	1.3	0.0	0.0	0.0	0.0	0.0	0.0	0.0	0.0	0.0
2044	451	0	0.0	0.0	0.0	1.3	0.0	0.0	0.0	0.0	0.0	0.0	0.0	0.0	0.0
2044	810	31	26.5	19.0	26.5	19.0	1.0	0.1	0.5	0.0	0.0	0.0	0.0	0.0	0.0

Bestand :79a2 5.4
Bestandesflaeche [ha] :1.0
Jahr :2044

Jahr :	Art	Alter	Dg	Hg	D100	H100	N/ha	G/ha	V/ha	aus.N/ha	aus.G/ha	aus.V/ha	Mort N/ha	Mort G/ha	Mort V/ha
2044	110	31	10.0	12.7	11.8	13.2	1,924.0	15.0	79.5	0.0	0.0	0.0	0.0	0.0	0.0
2044	411	26	10.3	12.0	11.7	12.9	27.0	0.2	1.0	0.0	0.0	0.0	0.0	0.0'	0.0
2044	711	25	0.0	0.0	0.0	1.3	0.0	0.0	0.0	0.0	0.0	0.0	0.0	0.0	0.0
2044	354	0	0.0	0.0	0.0	1.3	0.0	0.0	0.0	0.0	0.0	0.0	0.0	0.0	0.0
2044	431	26	16.3	13.5	18.7	13.2	142.0	3.0	15.6	0.0	0.0	0.0	0.0	0.0	0.0
2044	511	28	7.0	7.2	7.0	7.2	3.0	0.0	0.0	0.0	0.0	0.0	0.0	0.0	0.0
2044	321	0	0.0	0.0	0.0	1.3	0.0	0.0	0.0	0.0	0.0	0.0	0.0	0.0	0.0
2044	211	0	0.0	0.0	0.0	1.3	0.0	0.0	0.0	0.0	0.0	0.0	0.0	0.0	0.0
2044	221	0	0.0	0.0	0.0	1.3	0.0	0.0	0.0	0.0	0.0	0.0	0.0	0.0	0.0
2044	451	0	0.0	0.0	0.0	1.3	0.0	0.0	0.0	0.0	0.0	0.0	0.0	0.0	0.0
2044	342	0	0.0	0.0	0.0	1.3	0.0	0.0	0.0	0.0	0.0	0.0	0.0	0.0	0.0
2044	112	0	0.0	0.0	0.0	1.3	0.0	0.0	0.0	0.0	0.0	0.0	0.0	0.0	0.0
2044	999	0	0.0	0.0	0.0	1.3	0.0	0.0	0.0	0.0	0.0	0.0	0.0	0.0	0.0
2044	810	31	25.6	19.1	25.6	19.1	1.0	0.1	0.4	0.0	0.0	0.0	0.0	0.0	0.0

Bestand :79a2 5.5
Bestandesflaeche [ha] :1.0
Jahr :2044

Jahr :	Art	Alter	Dg	Hg	D100	H100	N/ha	G/ha	V/ha	aus.N/ha	aus.G/ha	aus.V/ha	Mort N/ha	Mort G/ha	Mort V/ha
2044	110	31	10.0	12.7	11.8	13.2	1,926.0	15.1	80.2	0.0	0.0	0.0	0.0	0.0	0.0
2044	411	26	10.3	12.1	11.2	12.9	24.0	0.2	0.9	0.0	0.0	0.0	0.0	0.0	0.0
2044	711	30	8.7	10.8	8.7	10.8	1.0	0.0	0.0	0.0	0.0	0.0	0.0	0.0	0.0
2044	354	0	0.0	0.0	0.0	1.3	0.0	0.0	0.0	0.0	0.0	0.0	0.0	0.0	0.0
2044	431	26	16.4	13.4	18.9	13.1	132.0	2.8	14.6	0.0	0.0	0.0	0.0	0.0	0.0
2044	511	28	7.0	7.0	7.0	7.0	1.0	0.0	0.0	0.0	0.0	0.0	0.0	0.0	0.0
2044	211	0	0.0	0.0	0.0	1.3	0.0	0.0	0.0	0.0	0.0	0.0	0.0	0.0	0.0
2044	221	0	0.0	0.0	0.0	1.3	0.0	0.0	0.0	0.0	0.0	0.0	0.0	0.0	0.0
2044	999	0	0.0	0.0	0.0	1.3	0.0	0.0	0.0	0.0	0.0	0.0	0.0	0.0	0.0
2044	342	31	7.1	13.5	7.1	13.5	1.0	0.0	0.0	0.0	0.0	0.0	0.0	0.0	0.0
2044	112	0	0.0	0.0	0.0	1.3	0.0	0.0	0.0	0.0	0.0	0.0	0.0	0.0	0.0
2044	451	0	0.0	0.0	0.0	1.3	0.0	0.0	0.0	0.0	0.0	0.0	0.0	0.0	0.0
2044	810	31	26.4	19.0	26.4	19.0	1.0	0.1	0.5	0.0	0.0	0.0	0.0	0.0	0.0
2044	452	0	0.0	0.0	0.0	1.3	0.0	0.0	0.0	0.0	0.0	0.0	0.0	0.0	0.0

Bestand :79a2 20.1
Bestandesflaeche [ha] :1.0
Jahr :2044

Jahr :	Art	Alter	Dg	Hg	D100	H100	N/ha	G/ha	V/ha	aus.N/ha	aus.G/ha	aus.V/ha	Mort N/ha	Mort G/ha	Mort V/ha
2044	110	31	9.9	12.6	11.8	13.2	1,923.0	14.8	77.6	0.0	0.0	0.0	0.0	0.0	0.0
2044	411	26	10.2	12.0	11.0	12.7	24.0	0.2	0.9	0.0	0.0	0.0	0.0	0.0	0.0
2044	711	30	9.3	11.1	9.6	11.1	2.0	0.0	0.1	0.0	0.0	0.0	0.0	0.0	0.0
2044	354	0	0.0	0.0	0.0	1.3	0.0	0.0	0.0	0.0	0.0	0.0	0.0	0.0	0.0
2044	431	26	16.6	13.4	19.0	13.1	150.0	3.2	16.8	0.0	0.0	0.0	0.0	0.0	0.0
2044	511	28	7.1	7.2	7.1	7.2	3.0	0.0	0.0	0.0	0.0	0.0	0.0	0.0	0.0
2044	211	0	0.0	0.0	0.0	1.3	0.0	0.0	0.0	0.0	0.0	0.0	0.0	0.0	0.0
2044	221	0	0.0	0.0	0.0	1.3	0.0	0.0	0.0	0.0	0.0	0.0	0.0	0.0	0.0
2044	342	0	0.0	0.0	0.0	1.3	0.0	0.0	0.0	0.0	0.0	0.0	0.0	0.0	0.0
2044	451	0	0.0	0.0	0.0	1.3	0.0	0.0	0.0	0.0	0.0	0.0	0.0	0.0	0.0
2044	112	0	0.0	0.0	0.0	1.3	0.0	0.0	0.0	0.0	0.0	0.0	0.0	0.0	0.0
2044	999	0	0.0	0.0	0.0	1.3	0.0	0.0	0.0	0.0	0.0	0.0	0.0	0.0	0.0
2044	810	31	28.2	18.8	28.2	18.8	1.0	0.1	0.5	0.0	0.0	0.0	0.0	0.0	0.0

Bestand :79a2 20.2
Bestandesflaeche [ha] :1.0
Jahr :2044

Jahr :	Art	Alter	Dg	Hg	D100	H100	N/ha	G/ha	V/ha	aus.N/ha	aus.G/ha	aus.V/ha	Mort N/ha	Mort G/ha	Mort V/ha
2044	810	31	23.6	18.9	23.6	18.9	1.0	0.0	0.4	0.0	0.0	0.0	0.0	0.0	0.0
2044	431	26	16.3	13.4	18.7	13.2	152.0	3.2	16.6	0.0	0.0	0.0	0.0	0.0	0.0
2044	110	31	9.9	12.6	11.8	13.1	1,928.0	14.9	77.8	0.0	0.0	0.0	0.0	0.0	0.0
2044	411	26	10.4	12.2	11.5	12.9	20.0	0.2	0.8	0.0	0.0	0.0	0.0	0.0	0.0
2044	711	30	9.1	11.0	9.3	11.0	2.0	0.0	0.1	0.0	0.0	0.0	0.0	0.0	0.0
2044	511	28	7.1	7.0	7.1	7.0	4.0	0.0	0.0	0.0	0.0	0.0	0.0	0.0	0.0
2044	342	0	0.0	0.0	0.0	1.3	0.0	0.0	0.0	0.0	0.0	0.0	0.0	0.0	0.0
2044	354	0	0.0	0.0	0.0	1.3	0.0	0.0	0.0	0.0	0.0	0.0	0.0	0.0	0.0
2044	211	0	0.0	0.0	0.0	1.3	0.0	0.0	0.0	0.0	0.0	0.0	0.0	0.0	0.0
2044	221	0	0.0	0.0	0.0	1.3	0.0	0.0	0.0	0.0	0.0	0.0	0.0	0.0	0.0
2044	451	0	0.0	0.0	0.0	1.3	0.0	0.0	0.0	0.0	0.0	0.0	0.0	0.0	0.0
2044	112	0	0.0	0.0	0.0	1.3	0.0	0.0	0.0	0.0	0.0	0.0	0.0	0.0	0.0
2044	999	0	0.0	0.0	0.0	1.3	0.0	0.0	0.0	0.0	0.0	0.0	0.0	0.0	0.0

Bestand :79a2 20.3
Bestandesflaeche [ha] :1.0
Jahr :2044

Jahr :	Art	Alter	Dg	Hg	D100	H100	N/ha	G/ha	V/ha	aus.N/ha	aus.G/ha	aus.V/ha	Mort N/ha	Mort G/ha	Mort V/ha
2044	810	31	26.8	18.9	26.8	18.9	1.0	0.1	0.5	0.0	0.0	0.0	0.0	0.0	0.0
2044	431	26	16.4	13.4	18.9	13.2	149.0	3.2	16.5	0.0	0.0	0.0	0.0	0.0	0.0
2044	110	31	9.9	12.6	11.8	13.1	1,923.0	14.8	77.4	0.0	0.0	0.0	0.0	0.0	0.0
2044	411	26	10.4	12.0	12.4	12.8	26.0	0.2	1.0	0.0	0.0	0.0	0.0	0.0	0.0
2044	711	30	9.0	11.1	9.0	11.1	1.0	0.0	0.0	0.0	0.0	0.0	0.0	0.0	0.0
2044	511	28	7.1	7.1	7.2	7.1	3.0	0.0	0.0	0.0	0.0	0.0	0.0	0.0	0.0
2044	342	31	7.2	13.7	7.2	13.7	1.0	0.0	0.0	0.0	0.0	0.0	0.0	0.0	0.0
2044	354	0	0.0	0.0	0.0	1.3	0.0	0.0	0.0	0.0	0.0	0.0	0.0	0.0	0.0
2044	211	0	0.0	0.0	0.0	1.3	0.0	0.0	0.0	0.0	0.0	0.0	0.0	0.0	0.0
2044	221	0	0.0	0.0	0.0	1.3	0.0	0.0	0.0	0.0	0.0	0.0	0.0	0.0	0.0
2044	112	0	0.0	0.0	0.0	1.3	0.0	0.0	0.0	0.0	0.0	0.0	0.0	0.0	0.0
2044	451	0	0.0	0.0	0.0	1.3	0.0	0.0	0.0	0.0	0.0	0.0	0.0	0.0	0.0
2044	999	0	0.0	0.0	0.0	1.3	0.0	0.0	0.0	0.0	0.0	0.0	0.0	0.0	0.0

Bestand :79a2 20.4
Bestandesflaeche [ha] :1.0
Jahr :2044

Jahr :	Art	Alter	Dg	Hg	D100	H100	N/ha	G/ha	V/ha	aus.N/ha	aus.G/ha	aus.V/ha	Mort N/ha	Mort G/ha	Mort V/ha
2044	110	31	9.9	12.6	11.8	13.1	1,915.0	14.8	77.5	0.0	0.0	0.0	0.0	0.0	0.0
2044	411	26	10.3	12.1	11.5	12.9	21.0	0.2	0.8	0.0	0.0	0.0	0.0	0.0	0.0
2044	711	25	0.0	0.0	0.0	1.3	0.0	0.0	0.0	0.0	0.0	0.0	0.0	0.0	0.0
2044	354	0	0.0	0.0	0.0	1.3	0.0	0.0	0.0	0.0	0.0	0.0	0.0	0.0	0.0
2044	431	26	16.4	13.4	18.8	13.1	154.0	3.2	17.0	0.0	0.0	0.0	0.0	0.0	0.0
2044	511	28	7.0	7.4	7.1	7.4	3.0	0.0	0.0	0.0	0.0	0.0	0.0	0.0	0.0
2044	211	0	0.0	0.0	0.0	1.3	0.0	0.0	0.0	0.0	0.0	0.0	0.0	0.0	0.0
2044	221	0	0.0	0.0	0.0	1.3	0.0	0.0	0.0	0.0	0.0	0.0	0.0	0.0	0.0
2044	342	31	7.0	13.2	7.0	13.2	1.0	0.0	0.0	0.0	0.0	0.0	0.0	0.0	0.0
2044	112	0	0.0	0.0	0.0	1.3	0.0	0.0	0.0	0.0	0.0	0.0	0.0	0.0	0.0
2044	451	0	0.0	0.0	0.0	1.3	0.0	0.0	0.0	0.0	0.0	0.0	0.0	0.0	0.0
2044	999	0	0.0	0.0	0.0	1.3	0.0	0.0	0.0	0.0	0.0	0.0	0.0	0.0	0.0
2044	810	31	23.9	19.0	23.9	19.0	1.0	0.0	0.4	0.0	0.0	0.0	0.0	0.0	0.0

Bestand :79a2 20.5
Bestandesflaeche [ha] :1.0
Jahr :2044

Jahr :	Art	Alter	Dg	Hg	D100	H100	N/ha	G/ha	V/ha	aus.N/ha	aus.G/ha	aus.V/ha	Mort N/ha	Mort G/ha	Mort V/ha
2044	110	31	9.9	12.6	11.7	13.1	1,926.0	14.9	77.6	0.0	0.0	0.0	0.0	0.0	0.0
2044	411	26	10.4	12.2	11.6	13.1	28.0	0.2	1.1	0.0	0.0	0.0	0.0	0.0	0.0
2044	711	30	9.2	11.2	9.2	11.2	1.0	0.0	0.0	0.0	0.0	0.0	0.0	0.0	0.0
2044	354	0	0.0	0.0	0.0	1.3	0.0	0.0	0.0	0.0	0.0	0.0	0.0	0.0	0.0
2044	431	26	16.5	13.3	18.7	13.0	149.0	3.2	16.4	0.0	0.0	0.0	0.0	0.0	0.0
2044	511	28	7.0	7.2	7.0	7.2	1.0	0.0	0.0	0.0	0.0	0.0	0.0	0.0	0.0
2044	211	0	0.0	0.0	0.0	1.3	0.0	0.0	0.0	0.0	0.0	0.0	0.0	0.0	0.0
2044	221	0	0.0	0.0	0.0	1.3	0.0	0.0	0.0	0.0	0.0	0.0	0.0	0.0	0.0
2044	342	0	0.0	0.0	0.0	1.3	0.0	0.0	0.0	0.0	0.0	0.0	0.0	0.0	0.0
2044	451	0	0.0	0.0	0.0	1.3	0.0	0.0	0.0	0.0	0.0	0.0	0.0	0.0	0.0
2044	111	0	0.0	0.0	0.0	1.3	0.0	0.0	0.0	0.0	0.0	0.0	0.0	0.0	0.0
2044	452	0	0.0	0.0	0.0	1.3	0.0	0.0	0.0	0.0	0.0	0.0	0.0	0.0	0.0
2044	112	0	0.0	0.0	0.0	1.3	0.0	0.0	0.0	0.0	0.0	0.0	0.0	0.0	0.0
2044	999	0	0.0	0.0	0.0	1.3	0.0	0.0	0.0	0.0	0.0	0.0	0.0	0.0	0.0
2044	810	31	24.7	18.8	24.7	18.8	1.0	0.0	0.4	0.0	0.0	0.0	0.0	0.0	0.0

Anhang 12: Strukturdatentabelle je Flächentyp und Simulationssample

51c4

Sample	5.1	5.2	5.3	5.4	5.5	20.1	20.2	20.3	20.4	20.5
Artenanzahl	6	6	7	6	7	7	7	6	6	6
Shannon-Wiener-Index (G)	0,841	0,830	0,839	0,833	0,841	0,835	0,837	0,833	0,818	0,837
Evenness (G)	0,469	0,463	0,431	0,465	0,432	0,429	0,430	0,465	0,457	0,467
Shannon-Wiener-Index (N)	-	-	-	-	-	-	-	-	-	-
Evenness (N)	-	-	-	-	-	-	-	-	-	-
Baumartenprofilindex A (Pretzsch)	1,560	1,560	1,577	1,526	1,546	1,581	1,569	1,582	1,547	1,542
Höhendurchmischungs-% (v. Gadow)	25,785%	26,775%	26,309%	25,217%	25,479%	26,599%	26,263%	26,717%	25,779%	25,840%
Durchmesserdurchmischungs-% (v. Gadow)	29,610%	30,928%	30,455%	29,488%	29,552%	30,554%	30,314%	30,709%	30,275%	30,030%
Artendurchmischungs-% (v. Gadow)	69,377%	68,824%	69,158%	69,989%	69,850%	69,051%	69,592%	69,424%	69,554%	70,162%

63d1

Sample	5.1	5.2	5.3	5.4	5.5	20.1	20.2	20.3	20.4	20.5
Artenanzahl	8	7	7	6	7	7	7	6	6	6
Shannon-Wiener-Index (G)	0,273	0,268	0,282	0,282	0,271	0,283	0,262	0,268	0,269	0,257
Evenness (G)	0,131	0,138	0,145	0,158	0,139	0,146	0,135	0,150	0,150	0,144
Baumartenprofilindex A (Pretzsch)	1,356	1,318	1,364	1,366	1,306	1,328	1,225	1,198	1,254	1,193
Höhendurchmischungs-% (v. Gadow)	31,512%	30,350%	32,306%	31,246%	29,538%	30,007%	24,305%	22,507%	24,891%	24,767%
Durchmesserdurchmischungs-% (v. Gadow)	46,273%	45,964%	46,909%	46,433%	45,247%	44,880%	38,929%	38,189%	40,161%	39,065%
Artendurchmischungs-% (v. Gadow)	29,571%	30,428%	25,750%	29,365%	24,880%	30,313%	26,342%	25,719%	26,667%	26,316%

79a2

Sample	5.1	5.2	5.3	5.4	5.5	20.1	20.2	20.3	20.4	20.5
Artenanzahl	13	13	13	14	14	13	13	13	13	15
Shannon-Wiener-Index (G)	0,523	0,552	0,540	0,532	0,515	0,556	0,541	0,554	0,543	0,550
Evenness (G)	0,204	0,204	0,211	0,201	0,195	0,217	0,211	0,216	0,212	0,203
Shannon-Wiener-Index (N)	-	-	-	-	-	-	-	-	-	-
Evenness (N)	-	-	-	-	-	-	-	-	-	-
Baumartenprofilindex A (Pretzsch)	0,884	0,871	0,916	0,919	0,937	0,978	0,951	0,963	0,954	0,896
Höhendurchmischungs-% (v. Gadow)	18,943%	17,835%	19,395%	20,440%	21,975%	23,866%	22,623%	21,752%	21,823%	17,190%
Durchmesserdurchmischungs-% (v. Gadow)	29,459%	28,078%	29,769%	30,468%	32,155%	34,437%	33,040%	32,295%	32,704%	27,958%
Artendurchmischungs-% (v. Gadow)	40,994%	41,744%	41,680%	41,337%	40,360%	41,238%	41,998%	42,099%	43,388%	42,994%

51c4

Sample	IST	ø	Δ	StAbw.n	VarK
Artenanzahl	5	6,4	1,4	0,489898	7,655%
Shannon-Wiener-Index (G)	-	0,834	-0,440	0,006437	0,771%
Evenness (G)	-	0,451	-0,260	0,016845	3,737%
Shannon-Wiener-Index (N)	1,274 *	-	-		
Evenness (N)	0,711 *	-	-		
Baumartenprofilindex A (Pretzsch)	1,274	1,559	0,285	0,017692	1,135%
Höhendurchmischungs-% (v. Gadow)	23,455%	26,076%	2,621%	0,005084	1,950%
Durchmesserdurchmischungs-% (v. Gadow)	23,465%	30,192%	6,727%	0,004797	1,589%
Artendurchmischungs-% (v. Gadow)	71,153%	69,498%	-1,655%	0,004010	0,577%

63d1

Sample	IST	ø	Δ	StAbw.n	VarK
Artenanzahl	5	6,7	1,7	0,640312	9,557%
Shannon-Wiener-Index (G)	0,294	0,272	-0,023	0,008286	3,052%
Evenness (G)	0,183	0,144	-0,039	0,007632	5,314%
Baumartenprofilindex A (Pretzsch)	1,024	1,291	0,267	0,064405	4,990%
Höhendurchmischungs-% (v. Gadow)	28,809%	28,143%	-0,666%	0,034215	12,158%
Durchmesserdurchmischungs-% (v. Gadow)	40,491%	43,205%	2,714%	0,034350	7,950%
Artendurchmischungs-% (v. Gadow)	46,657%	27,535%	-19,122%	0,020193	7,334%

79a2

Sample	IST	ø	Δ	StAbw.n	VarK
Artenanzahl	10	13,4	3,4	0,663325	4,950%
Shannon-Wiener-Index (G)	-	0,541	-0,730	0,012963	2,398%
Evenness (G)	-	0,207	-0,345	0,006711	3,236%
Shannon-Wiener-Index (N)	1,271 *	-	-		
Evenness (N)	0,552 *	-	-		
Baumartenprofilindex A (Pretzsch)	1,271	0,927	-0,344	0,033813	3,648%
Höhendurchmischungs-% (v. Gadow)	20,810%	20,584%	-0,226%	0,020728	10,070%
Durchmesserdurchmischungs-% (v. Gadow)	20,830%	31,036%	10,206%	0,020938	6,746%
Artendurchmischungs-% (v. Gadow)	78,352%	41,783%	-36,569%	0,008570	2,051%

Anhang 13: Stammzahlbasierte Berechnung des Shannon-Wiener-Index und der Evenness des Bestandes 51 c^4

51c4	N	i	pi	log pi	pi * log pi	
Eiche	1	5	0,000	-8,525	-0,002	
Sandbirke	662	4	0,131	-2,029	-0,267	
Kiefer	2317	1	0,460	-0,777	-0,357	
Fichte	1073	2	0,213	-1,546	-0,329	
Douglasie	984	3	0,195	-1,633	-0,319	
Σ	5037	6			1,274	Shannon-Wiener-Index
					1,792	Hs max
					0,711	Evenness

Anhang 14: Stammzahlbasierte Berechnung des Shannon-Wiener-Index und der Evenness des Bestandes 79 a^2

79a2	N	i	pi	log pi	pi * log pi	
Eiche	1950	1	0,630	-0,462	-0,291	
Sandbirke	423	2	0,137	-1,990	-0,272	
Kiefer	235	4	0,076	-2,578	-0,196	
Kirsche	17	8	0,005	-5,204	-0,029	
Aspe	241	3	0,078	-2,553	-0,199	
Fichte	63	6	0,020	-3,894	-0,079	
Buche	102	5	0,033	-3,413	-0,112	
Hainbuche	14	9	0,005	-5,398	-0,024	
Winterlinde	49	7	0,016	-4,146	-0,066	
Lärche	1	10	0,000	-8,038	-0,003	
Σ	3095	10			1,271	Shannon-Wiener-Index
					2,303	Hs max
					0,552	Evenness

Anhang 15: Berechnungstabelle zur Ermittlung der maximalen Zuwendungshöhe anhand der Kosten für Kohlenstoff-Emissionszertifikate und der Kohlenstoffbindung auf Waldflächen

Zuwachs	Zertifikatpreis	Umrechnungsfaktor	Zuwendung max.	Zuwendung max.
[Vfm/ha/a]	[€/tCO2]	[tCO2/fm]	[€/ha/a]	[€/ha]
11	45	1,5	742,5	14850
10	45	1,5	675	13500
9	45	1,5	607,5	12150
8	45	1,5	540	10800
7	45	1,5	472,5	9450
6	45	1,5	405	8100
5	45	1,5	337,5	6750
4	45	1,5	270	5400
3	45	1,5	202,5	4050
2	45	1,5	135	2700
1,5	45	1,5	101,25	2025
1,481481481	45	1,5	100	2000
1,4	45	1,5	94,5	1890
1	45	1,5	67,5	1350

Zur Reihe: Wald in Raum und Öffentlichkeit
Praxisorientiert · Wissenschaftlich · Forstlich

Wald ist eine raumgreifende Landnutzung, an die die Gesellschaft eine Vielzahl von Ansprüchen stellt. Die Reihe behandelt Fragen aus Recht, Politik, Soziologie und Geschichte des Waldes sowie seiner Nutzung unter besonderer Berücksichtigung der Bedeutung der Waldfläche in Raum- und Landschaftsplanung. Ausgangspunkt der Beschäftigung ist dabei der vom Menschen genutzte oder beeinflusste Wald mit seinen vielfältigen Leistungen für Gesellschaft, Natur und Umwelt. Die Reihe ist in diesem Sinne als forstliche Schriftenreihe zu sehen. Sie soll Praxis, Ausbildung und Wissenschaft gleichermaßen dienen.

In der Reihe Wald in Raum und Öffentlichkeit sind erschienen:

Bd. 1: Forst- & Umweltrecht in Niedersachsen   4. Aufl. 2021
Bd. 2: Forst- & Jagdrecht im Freistaat Thüringen   3. Aufl. 2023
Bd. 3: Forst- & Klimarecht in Hessen   1. Aufl. 2019
Bd. 4: Forst- & Jagdrecht im Freistaat Sachsen   2. Aufl. 2023

Bd. 5: Nds. Forstrecht für Anfänger   3. Aufl. 2017
Bd. 6: Nds. Forst- & Umweltrecht für Fortgeschrittene   3. Aufl. 2017

Bd. 7: Walderhaltung- & Waldmehrungspolitik (Haupt-Bd.) 1. Aufl. 2020
Bd. 8: Walderhaltung- & Waldmehrungspolitik (Erg.-Bd.) 1. Aufl. 2020

Bd. 9: Forst- & Jagdrecht in Brandenburg   1. Aufl. 2021

Bd. 10: Habitatbäume als Steuerungsmittel der Forstpolitik 1. Aufl. 2023

Zu den Autoren:

Eike Florian Linke studierte den Bachelorstudiengang "Forstwirtschaft und Ökosystemmanagement" und Masterstudiengang „Management von Forstbetrieben" an der Fachhochschule Erfurt. Er war studentischer Assistent im Lehrgebiet Forstpolitik und Umweltrecht an der Fachhochschule Erfurt und ist seit 2024 wissenschaftlicher Assistent in demselben Lehrgebiet sowie bei der Betriebsleiterkonferenz (BLK).

Justus Eberl studierte Rechts- und Forstwissenschaften in Freiburg im Breisgau, Buenos Aires und Göttingen. Promotion am Lehrstuhl für Forstpolitik und Forstliche Ressourcenökonomie der TU Dresden in Tharandt. Vorbereitungsdienst und Zweite Juristische Staatsprüfung in Niedersachsen. Seit 2022 Professor für Forstpolitik und Umweltrecht an der Fachhochschule Erfurt.

Justus Eberl

Walderhaltungs- und Waldmehrungspolitik
Kohärenz der Programmgestaltung eines Politikfeldes
in Deutschland unter besonderer Berücksichtigung der Situation in Thüringen

Hauptband

Zu Beginn des 21. Jahrhunderts ist die Waldpolitik zahlreichen neuen, auch widersprüchlichen Politikzielen ausgesetzt. Der Wald wird vom Klimawandel bedroht, zum anderen soll er wichtige Beiträge zum Klimaschutz erbringen. Dabei ist umstritten, ob eine forstliche Nutzung- oder ein Nutzungsverzicht am effektivsten zur Erreichung der Klimaschutzziele beiträgt. Eine ähnliche Kontroverse ist im Bereich des Schutzes der Biodiversität im Wald festzustellen. Neben diesen neuen Zielen muss der Wald weiterhin die Leistungen erbringen, die die Gesellschaft seit jeher von ihm erwartet.

Die vorliegende Studie untersucht die Wechselbeziehungen zwischen den Politikzielen verschiedener Politikfelder in Bezug auf die Waldfläche. Dabei wird der Policy Coherence Framework erstmals auf drei Politikebenen (EU-, Bunds- und Landesebene) sowie auf mehr als zwei Politikfelder angewandt und weiterentwickelt. Aktuelle Programme wie die LULUCF-VO der Europäischen Union, Bundes- und Landeswaldprogramme, Nachhaltigkeits-, Bioökonomie- und Biodiversitätsstrategien wurden untersucht. Die Diskussion erfolgt entlang der prominentesten Zielkonflikte, wie bspw. dem Ziel, mindestens 5% der Waldfläche aus der Nutzung zu nehmen. Schließlich werden konkrete Lösungsvorschläge für einige Zielkonflikte vorgestellt und diskutiert.

Eine übersichtliche und kompakte Zusammenfassung der waldbezogenen Politikziele aus den untersuchten Programmen findet sich im Ergänzungsband. Diese mag auch der Praxis als hilfreicher Wegweiser durch die aktuellen Politikprogramme mit Waldflächenbezug dienen.

Produktinformationen

Preis	59,90 EUR		
Ausgabe	1. Aufl. 2020	ISBN-10	3-7448-5525-2
Taschenbuch	Softcover, 424 Seiten	ISBN-13	978-374-485525-9
Format	17 x 4 x 22 cm	Verlag	BoD - Books on Demand, Nordersted

Justus Eberl

Walderhaltungs- und Waldmehrungspolitik
Kohärenz der Programmgestaltung eines Politikfeldes
in Deutschland unter besonderer Berücksichtigung der Situation in Thüringen

Ergänzungsband

Was „will" die aktuelle Politik vom Wald? Welche Ziele werden in aktuellen Politikprogrammen in Bezug auf Walderhaltung, Waldmehrung und Waldnutzung formuliert? Der Ergänzungsband liefert eine übersichtliche und kompakte Zusammenfassung der Politikziele aus allen Politikfeldern, die von Relevanz für den Wald sind. Dabei werden nicht nur forstpolitische Programme in den Blick genommen, sondern auch solche aus den Bereichen Natur- und Klimaschutz, Bioökonomie, Erholung, u.a.m. Dieses Kompendium mag auch dem Praktiker als hilfreicher Wegweiser durch die aktuellen Politikprogramme mit Waldflächenbezug dienen. Berücksichtigt wurden Dokumente von der Ebene der EU, des Bundes und des Landes.

Dargestellt sind 46 Programme der EU, des Bundes und des Freistaats Thüringen, u.a.:
- LULUCF-VO, EU Waldstrategie, Grünbuch Waldschutz, FFH-Richtlinie
- Nationale Nachhaltigkeitsstrategie (2002 & 2017), Klimaschutzplan 2050
- National Biodiversitätsstrategie, Nationale Politikstrategie Bioökonomie
- Charta für Holz (2004) & Charta für Holz 2.0 (2017)
- Thüringer Nachhaltigkeitsstrategie, Thüringer Biodiversitätsstrategie
- Thüringer Landesentwicklungsprogramm
- Thüringer Klima- und Anpassungsprogramm, Thüringer Bioenergieprogramm,
- Thüringer Landeswaldprogramm, Thüringer Forstprogramm

Produktinformationen

Preis	49,90 EUR		
Ausgabe	1. Aufl. 2020	ISBN-10	375-267-008-8
Taschenbuch	Softcover, 200 Seiten	ISBN-13	978-375-267-008-0
Format	17 x 1,4 x 22 cm	Verlag	BoD - Books on Demand, Norderstedt